힘이 되는 한 마디의 말 · 명언 격언

힘든 마음 위로해줄게

대한자기계발교양연구회 편저

법문북스

제1장
기적의 열쇠를 만드는 따뜻한 한마디의 말

제2장
따스한 한 마디의 명언 격언

기적의 열쇠를 만드는 따뜻한 한마디의 말

기적의 열쇠를 만드는 따뜻한 한마디의 말

* 인간의 죽음은 패배했을 때가 아니라 포기했을 때에 온다.

-닉슨(미국 37대 대통령)-

신념이 있는 한 어딘가에 기회는 있다. 라는 뜻

* 신은 어딘가 하늘 아래 그대만이 할 수 있는 일을 마련해 놓았다.

-호러스 보쉬엘-

지금 당장 힘이 들어도 희망을 잃지않으면 기회는 온다는 뜻

* 위대한 업적을 이룬 것은 힘이 아니라 불굴의 노력이다.

-사무엘 존슨-

가능하다고 생각하는 사람이 능력 있는 사람이라는 뜻

* 실패란 성공이란 진로를 알려주는 나침반이다.

-데니스 웰트리-

불가능해 보이는 일도 도전하면 이루어진다는 뜻

* 제 갈 길을 아는 사람에게 세상은 길을 비켜준다.

-찰스 킹즐리-

역사는 목표를 향해 달리는 사람들에 의해 만들어진다는 뜻

* 인간은 재주가 없어서라기보다는 목적이 없어서 실패한다.

-윌리엄 A 빌리 선데이-

능력 있는 사람이란 가능하다고 생각하는 사람이라는 뜻

* 겁쟁이는 천 번을 죽지만, 사나이는 한 번만 죽는다.

-셰익스피어-

실패는 우리를 막고 있는 또 다른 기회일 뿐이라는 뜻

* 우리의 최대의 영광은 한 번도 실패하지 않는 것이 아니라, 실패할 때마다 일어서는 데 있다

-공자-

실패와 장애물을 통해서 우리는 성장한다는 뜻

* 교육의 목적은 일생을 통하여 공부하는 자세를 갖게 하는 것' 이다.

-R.M.해틴즈-

살아가면서 학교에서 공부했던 마음가짐으로 자기계발을 계속해야 성공한다는 뜻

기적의 열쇠를 만드는 따뜻한 한마디의 말

* 하느님을 변화시키기 위해서가 아니라, 자신을 변화시키기 위해서 기도를 한다.

-키에르 케고르-

자기 자신을 위해 노력하라는 뜻

* 사막이 아름다운 것은 어딘가에 샘이 숨겨져 있기 때문이다.

-생텍쥐페리-

진정한 기회는 장애물이 있는 곳에 있다라는 뜻

* 큰일을 이루기 원한다면 우선 자기를 이겨라.
자신을 이기는 것이 가장 큰 승리이다.

-드러먼드-

가장 큰 적은 자신의 유혹과 편견에서 온다는 뜻

* 하찮은 위치에서도 최선을 다하라. 말단에 있는 사람만큼 깊이 배우는 사람은 없다.

-S.D.오코너-

작고 보잘것없는 일에서도 최선을 다하라는 뜻

* 고통은 인간의 넋을 슬기롭게 하는 위대한 스승이다.

-에센 바흐-

장애물이란 남의 기회를 막고 나의 통과를 기다리는 축복이라는 뜻

* 자신의 욕망을 극복하는 사람이 강한 적을 물리친 사람보다 위대하다.

-아리스토텔레스-

가장 큰 적은 자기라는 뜻

* 하루에 3시간을 걸으면 7년 후에 지구를 한 바퀴 돌 수 있다.

-사무엘 존슨-

가능하다고 생각하는 사람이 능력 있는 사람이라는 뜻

* 고난이 클수록 더 큰 영광이 다가온다.

-키케로-

청각장애의 고통 속에서 명곡을 작곡한 베토벤의 의지를 표현한 말

* 몸은 감옥에 있어도 마음은 밖에 둔다. 큰일을 하기 위해 큰 정신을 기르리라.

-어느 죄수-

정치범을 수용했던 교도소 어느 독방의 벽에서 발견된 글

* 땅이 크고 사람이 많은 나라가 큰 나라가 아니다. 땅이 작고 인구가 적어도 위대한 인물이 많은 나라가 위대한 나라다.

-이준 열사의 연설-

사회에 좋은 영향을 주는 인재를 기르는 것이 교육의 목표라는 말

* 남에게 어려운 일이란 내게 즉시 시작할 수 있는 일이다. 남에게 불가능한 일이란 내게 시간이 좀 걸리는 일 일뿐이다.

-조지 산타아나-

장애물을 기회로 삼아 불가능한 일에 도전하는 사람이 위대한 사람이라는 말

* 모방은 누구나 할 수 있지만 남보다 먼저 개혁하는 것은 아무나 할 수 없다.

-콜럼부스-

창조적인 생각이 힘을 길러야 한다는 말

* 자신의 불건전한 내부와 싸움을 시작할 때 사람은 향상된다.
-데일 카네기-
위인은 만족을 보류하고 자신과 싸워가며 자기 혁신을 계속하는 사람이라는 뜻

* 실패한 사실이 부끄러운 것이 아니다.
도전하지 못한 비겁함은 더 큰 치욕이다.
-로버트 H 슐러-
실패를 두려워하면 아무것도 하지 못한다는 말

* 어느 나라에서든 가장 위대한 것은 노동에 의해 이루어졌다. 노동은 위대함과 부의 근원이다.
-율리시즈 S 그랜트-
위대한 나라는 성실한 피와 땀에 의해 이루어졌다는 뜻

* 현명한 사람은 기회를 찾지 않고, 기회를 창조한다.
-프란시스 베이컨-
장애물을 뛰어 넘어 큰 기회를 만드는 시작이 되라는 말

* 나는 한 마디의 칭찬으로 두 달을 기쁘게 살 수 있다.
-마크 트웨인-
남을 칭찬해 주는 마음은 기적을 만드는 열쇠라는 말

기적의 열쇠를 만드는 따뜻한 한마디의 말

* 내가 갖고 싶은 것은 강인함, 용기, 위엄과 같이 내부에서 우러나지만 쉽사리 얻기 어려운 아름다움이다.

-루비디 (미국의 배우)-

가장 큰 적은 자기라는 뜻

* 성실한 사람일수록 자신을 이기려고 애쓴다.

-나폴레옹-

성실한 사람이란 가장 큰 적이 자기임을 깨닫는 사람이라는 뜻

* 남을 이기려는 사람은 먼저 자기 욕심부터 물리쳐라.

-여불위 (중국 정치가)-

능력 있는 사람이란 가능하다고 생각하는 사람이라는 뜻

* 잘못이 부끄러운 것이 아니라 잘못을 고치지 못하는 것이 부끄러운 것이다.

-루소-

자기 잘못을 알면서도 고치지 못할 때 하는 말

* 훌륭한 인간의 두드러진 특징은 쓰라린 환경을 이겼다는 것이다.

-베토벤-

유능한 뱃사공은 거친 바람과 파도도 항해에 유리하게 활용한다는 뜻

* 나에 대한 사람들의 평가는 내가 스스로를 어떻게 평가하느냐에 좌우된다.

-헤밍웨이-

불가능도 가능하다고 생각하는 사람이 능력 있는 사람이라는 말

* 청년이여, 야망을 품어라.

-S.클라크 (영국의 철학자)-

능력 있는 사람이란 희망을 품고 노력하는 사람이라는 뜻

* 미래는 이미 시작되었다.

-R.융 (미국의 저널리스트)-

남다른 미래를 원한다면 남다른 오늘을 살아가야 한다는 뜻

* 네가 평생을 바친 것이 무너지는 것을 보고도 낡은 연장을 집어 들고 다시 세우려는 의지가 있다면 너는 어른이 되었다고 할 수 있다.

-키플링 (영국의 노벨상 수상자)-

어떤 폭풍우 속에서도 절망적인 상황은 없다라는 말

기적의 열쇠를 만드는 따뜻한 한마디의 말

∗ 패배란 우리를 한층 높은 단계에 이르게 하는 교육이다.

-웬델 필립스-

사람은 실패와 장애물을 통해서 성공한다는 뜻

∗ 자기 자신을 신뢰할 수 있으면 모든 것에 대한 자신이 생긴다.

-라 리슈코프-

사람은 가능하다고 생각한 만큼 성취한다는 뜻

∗ 목표라는 항구를 모르는 사람에게 순풍은 불지 않는다.

-세네카-

작은 일이라도 쉬운 일은 없다는 뜻으로 모든 일에 최선을 다하라는 말

∗ 가치 있는 물건을 만드는 과정에서 생산되는 부산물이 〈행복〉이다.

-올더스 헉슬리-

목표를 향해 힘든 고난이 오는 것은 당연하며 그 고통이 참다운 삶이라는 뜻

∗ 인생이란 학교에는 〈불행〉이란 훌륭한 스승이 있다. 그 스승 때문에 우리는 더욱 단련되는 것이다.

-프리체-

힘든 과정을 이겨 냈을 때 더 성장한다는 뜻

* 실패를 두려워하지 말라.

많은 사람들이 성공하기 위해 실패한다.

- 농구 황제 마이클조던 -

성공한 사람들도 그 전에 많은 불행을 경험한다.

* 시류에 휘말리기보다는

현재 속해 있는 집단에서 최고가 되면 더 큰 곳에서도 성공할 수 있다.

손자병법 -

공부 잘한 사람만이 사회에서 성공하는 것은 아니다.
배운 것을 응용할 줄 알아야 한다.

* 나약하고 게으르며 목적도 없는 사람들에게는 행복한 일이 결코 일어날 수 없다.

- 영국의 저술가 스마일즈 -

행운은 아무 의미도 발견할 수 없기에 그들 곁을 지나가 버린다.

금보다 더 값어치 있는 명언 한마디

안중근 의사 유언

"내가 죽은 뒤에 나의 뼈를 하얼빈 공원 옆에 묻어두었다가 나라를 되찾거든 고국으로 옮겨 다오. 나는 천국에 가서도 마땅히 우리나라의 독립을 위해 힘쓸 것이다.… 대한 독립의 소리가 천국에 들려오면 나는 마땅히 춤추며 만세를 부를 것이다. "

이순신 장군 유언

"나의 죽음을 알리지 말라."

유관순 열사의 유언

"내 손톱이 빠져나가고, 내 귀와 코가 잘리고, 내 손과 다리가 부러져도 그 고통은 이길 수 있사오나, 나라를 잃어버린 그 고통만은 견딜 수가 없습니다.

나라에 바칠 목숨이 오직 하나밖에 없는 것만이 이 소녀의 유일한 슬픔입니다."

윤봉길 선생이 두 아들에게 남긴 친필 유서

"너희도 만일 피가 있고 뼈가 있다면 반드시 조선을 위하여 용감한 투사가 되어라. 태극의 깃발을 높이 드날리고 나의 빈 무덤 앞에 찾아와 한 잔 술을 부어 놓으라…"

충정공(민영환)이 자결하면서 2천만 동포에게 남긴 유언

"대저 살려고 하는 자는 반드시 죽고 죽음을 기약하는 자는 삶을 얻으리니.
영환은 한 번 죽음으로써 임금의 은혜에 보답하고 2천만 동포 형제에게 사죄하나니, 영환은 죽어도 죽지 않음이라. 지하에서도 여러분을 반드시 돕겠으니, 우리 동포 형제는 천만 번 더욱 싸워 뜻을 굳게 하고, 학문을 익히며 힘을 합하여 우리의 자주 독립을 찾으면 죽은 자는 황천에서도 기뻐하리라. 오호라, 실망하지 않고 우리 2천만 동포에게 삼가 이별을 고하노라."

스피노자는 유언

"비록 내일 지구의 종말이 온다 하여도 나는 오늘 한 그루의 사과나무를 심겠다."

최영 장군의 아버지가 남긴 유언

"황금을 보기를 돌같이 하라."

금보다 더 값어치 있는 명언 한마디

세계의 대제국으로 발전시킨 쿠빌라이 칸의 유언

잘들 들어라.

세상은 넓고, 사람은 많고, 기술은 끝없이 바뀐다. 아무리 어려운 난관에 부딪혀도 반드시 방법이 있음을 믿고, 아무리 하찮은 적이라도 우리하고 다른 기술을 가지고 있을지도 모른다는 점은 한시도 잊지 말라. 내가 최고라고 자만하지 말라.

옆을 보고, 앞을 보고, 뒤를 보아라. 산을 넘고, 강을 건너고, 바다를 건너라. 상대가 강하면 너희를 바꾸고, 너희가 강하면 상대를 바꾸어라. 한 번 떠났으면 고향이라도 돌아보지 말 것이며, 헤어졌으면 부모라도 그리워하지 마라.

세상을 살되 한 뼘이라도 더 넓게 살고, 사람을 사귀되 한 명이라도 더 사귀며, 기술을 배우되 한 가지라도 더 배워라.

성공회 대주교의 무덤 앞에 적혀 있는 글

나 자신 내가 젊고 자유로워서 상상력의 한계가 없을 때,
나는 세상을 변화시키겠다는 꿈을 가졌었다.
좀 더 나이가 들고 지혜를 얻었을 때
나는 세상이 변하지 않으리라는 것을 알았다.
그래서 내 시야를 약간 좁혀서
내가 살고 있는 나라를 변화시키겠다고 결심했다.
그러나 그것 역시 불가능한 일이었다.
황혼의 나이가 되었을 때 나는 마지막 시도로
나와 가장 가까운 내 가족을 변화시키겠다고 마음을 정했다.
그러나 아무도 달라지지 않았다.
이제 죽음을 맞이하기 위하여 누운 자리에서 나는 문득 깨달았다.
만일 내가 나 자신을 먼저 변화시켰더라면 그것을 보고 내 가족이 변화되었을 것을
또한 그것에 용기를 얻어 내 나라를 더 좋은 나라로 변화시킬 수 있었을 것을
그리고 누가 아는가?
세상까지도 변화시킬 수 있었을지….

금보다 더 값어치 있는 명언 한마디

도산 안창호 선생님의 말씀 중에서

"그대는 나라를 사랑하는가. 그러면 먼저 그대가 건전한 인격이 되라.

우리 중에 인물이 없는 것은 인물이 되려고 마음먹고 힘쓰는 사람이 없는 까닭이다.

* 젊었을 때 열심히 배우지 않으면 늙어서 후회한다.

– 중국 유학자 주희 –

* 배우려고 하는 학생은 부끄러워해서는 안 된다.

– 히레르 –

* 사람은 미치광이라는 말을 들을 정도가 아니면 아무것도 이룰 수 없다.

박태준 포스코명예회장 –

* 큰 야망을 품었을 때 커다란 결실을 맺을 수 있다.

– 힐러리 로드함 클린턴 –

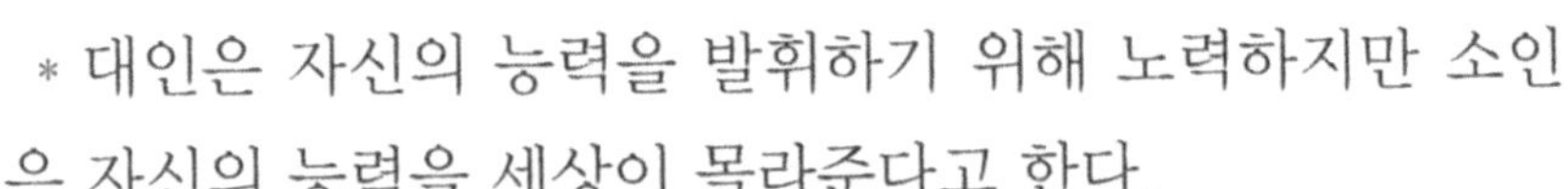

* 대인은 자신의 능력을 발휘하기 위해 노력하지만 소인은 자신의 능력을 세상이 몰라준다고 한다.

– 前한국 축구국가대표팀 감독 거스 히딩크 –

* 하늘은 스스로 돕는 자를 돕는다.

– 스마일즈 –

* 성공은 밤낮 없이 거듭되었던 작고도 작은 노력들이 한데 모인 것이다.

– 논어 –

* 실패를 걱정하지 말고, 먼저 부지런히 목표를 향하여 노력하라. 노력한 만큼 보상을 받을 것이다.

– 노만 V. 필 –

* 쉬운 길, 편안한 길로 가는 사람은 성공의 묘미를 못 느낀다. 어려움 없이 성취되는 것은 하나도 없다.

–노만 V. 필

금보다 더 값어치 있는 명언 한마디

＊평범과 비범의 차이는 노력을 조금 더 기울이느냐 기울이지 않느냐에 따라 결정된다.

- 몽테로랑 -

＊재주가 뛰어나지 못하더라도 꾸준히 노력하는 사람은 반드시 성공을 거두게 된다.
정진하면 안 되는 일이 없다.
이것은 마치 작은 물이 바위를 뚫는 것과 같다.

- 유교정 -

＊노력한 사람이 모두 성공한 것은 아니다. 그러나 성공한 사람들은 모두 노력했다.
로마는 하루아침에 이루어지지 않는다.
공부...배우는 고통은 잠깐이지만 못 배운 고통은 평생이다.

장승수 (서울대 인문계 수석합격)

＊하루 공부하지 않으면 그것을 되찾기 위해서는 이틀이 걸린다.
이틀 공부하지 않으면 그것을 되찾기 위해서는 나흘이 걸린다.
1년 공부하지 않으면, 그것을 되찾기 위해서는 2년 걸린다.

- 탈무드 -

* 인간은 입이 하나, 귀가 두 개있다 이는 말하기보다 듣기를 두 배 더 하라는 뜻이다

- 탈무드 -

언제나 사용하기 좋은 따뜻한 말 한마디

◆ 휴식이란 회복이지 아무것도 하지 않는다는 것이 아니다.

(다니엘 W. 죠세린)

◆ 이 세상의 모든 훌륭한 것들은 모두 독창성의 열매이다.

(존 스튜어트 밀)

◆ 마음은 모든 행동의 위대한 지렛대이다.

(D. 웹스터)

◆ 건강을 지닌 사람은 희망을 가지고 있지만 희망을 가진 사람은 모든 것을 가지고 있다.

(아라비아속담)

◆ 어느 항구로 가고 있는지 모르는 항해사에게는 아무리 순풍이 불어도 소용없다.

(세네카)

◆ 커다란 나무로 성장하게 되는 씨알은 재주 있음이나

영감이 아니라 용기이다.

(L. 비트겐슈타인)

◆ 눈물을 멈추게 하진 못하겠지만, 적어도 우리는 서로 마주보며 그것을 닦아 줄 수는 있다.

('존재는 눈물을 흘리다' 중에서)

◆ 정열은 강이나 바다와 가장 비슷하다. 얕은 것은 소리를 내지만 깊은 것은 침묵을 지킨다.

(까뮈)

◆ 인생은 작은 인연들로 아름답다.

(피천득)

◆ 용서하는 일은 좋은 일이다. 그러나 잊는 일은 더욱 좋은 일이다.

(브라우닝)

언제나 사용하기 좋은 따뜻한 말 한마디

◆ 유머는 한 줄기 시원한 여름 소나기처럼 대지와 대기 그리고 당신을 소리 없이 정화시켜 준다.

(랭스턴 휴스)

◆ 평생 동안 자신을 향해 오는 공격을 막아 낼 수 있는 유일한 것은 말없는 양심이다.

(유리피데스)

◆ 산다는 것은 꿈꾸는 것을 말한다. 현명하다는 것은 즐겁게 꿈꾼다는 뜻이다.

(실러)

◆ 인간에게 단 하나의 의무가 존재한다면, 그것은 행복하게 사는 것이다.

(디드로)

◆ 너무 멀리 보는 사람은 자신 앞에 펼쳐진 초원을 보지 못한다.

(인도 격언)

◆ 비밀을 지킬 생각이 없는 사람만큼 비밀을 좋아하는 사람은 없다.

(찰스 칼렙 코튼)

◆ 내 앞에서도 뒤에서도 걷지 말라. 내가 따르지 않을 수도, 인도하지 않을 수도 있으니. 나의 옆에서 함께 걸어라, 우리는 하나이니.

(인디언 아파치족 격언)

◆ 게으름은 천천히 움직이므로 가난이 곧 따라잡는다.

(프랭클린)

◆ 일과 오락이 규칙적으로 교대하면서 서로 조화를 이루면 생활이 즐거워진다.

(톨스토이)

◆ 아무것도 시도할 용기를 갖지 못한다면 인생은 대체 무엇이겠는가.

(빈센트 반 고흐)

언제나 사용하기 좋은 따뜻한 말 한마디

◆ 사람들이 그들의 궤도에서 벗어나 본다면 얼마나 많은 사람들이 행복해질까?

(세네카)

◆ 좋은 밤을 찾다가 좋은 낮을 잃어버리는 사람들이 많다.

(네덜란드 격언)

◆ 회복의 유일한 길은 다시 시작하는 것이다.

(체이지)

◆ 집은 책으로 정원은 꽃으로 가득 채워라.

(A. 랭보)

◆ 우리는 영혼을 움직이는 침묵이 필요하다.

(테레사)

◆ 진실을 말할 때는 그것을 숨길 때만큼이나 주의를 기울여야 한다.

(그라시안)

따스한 한 마디의 명언 격언

2

가정에 관한 따스한 한 마디의 명언 격언

& 집안사람의 허물이 있거든 마땅히 몹시 성내지 말 것이며 가볍게 여기지 말고 그 일을 말하기 어려우면 다른 일을 비유하여 은근히 깨우치라. 오늘에 깨우치지 못하거든 내일을 기다려 다시 경계하라. 봄바람이 언 것을 풀듯, 화기가 얼음을 녹이듯 하라. 이것이 바로 가정의 규범이다.

– 채근담

& 글을 읽음은 집을 일으키는 근본이요, 이치에 좇음은 집을 보존하는 근본이요, 부지런하고 검소함은 집을 다스리는 근본이요, 화순함은 집을 정제하는 근본이다.

& 안락한 가정은 행복의 근원으로 그것은 바로 건강과 착한 양심 다음의 위치를 차지한다.

– S.스미드 "머리 경에의 서한

& 가정에서 행복해지는 것은 온갖 염원의 궁극적인 결과이다.

– S.존슨

& 사람은 집에 있을 때 그의 행복에 가장 가까워지고, 밖으로 나가면 그의 행복에서 가장 멀어지는 법이다.

– J.G.홀런드 "금박집"

& 쾌락의 궁전 속을 거닐지라도 초라하지만 내 집만한 곳은 없다.

– J.H.페인 "집, 즐거운 집"

& 가정생활의 안전과 향상이 문명의 중요 목적이요, 모든 산업의 궁극적 목적이다.

– C.W. 엘리엇 "행복한 생활"

겸손과 예의에 관한 명언격언

& 무례한 사람의 행위는 내 행실을 바로 잡게 해주는 스승이다.

– 공자

& 군자가 예절이 없으면 역적이 되고, 소인이 예절이 없으면 도적이 된다.

– 명심보감

& 쓰러진 자 망할까 두렵지 않고, 낮춘 자 거만할까 두렵지 않다.

– J.버넌

& 예의는 남과 화목함을 으뜸으로 삼는다.

– 논어

& 겸손한 자만이 다스릴 것이요, 애써 일하는 자만이 가질 것이다.

– 에머슨

& 산이 높을수록 골은 낮다.

– T.풀러

& 우선 겸손을 배우려 하지 않는 자는 아무것도 배우지 못한다.

– O.메러디드

공포와 불안에 관한 명언격언

& 사람이 먼 염려가 없으면 반드시 가까운 근심이 있다.

– 논어

& 생각이 천리 밖에 있지 아니하면 근심이 책상과 자리 밑에 있다.

– 논어

& 우리가 두려워하는 공포는 종종 허깨비이지만, 그럼에도 불구하고 실제 고통을 초래한다.

– 실러 "피콜로미니"

& 애인이여, 나는 그대를 사랑하기 두려우니 사랑은 상실의 사자이기 때문이다.

– F.톰프슨 "올리비아에게"

& 용기는 별로 인도하고, 두려움은 죽음으로 인도한다.

– 세네카 "헤르쿨레스 오에테우스"

& 애태우는 근심은 흰 머리를 만든다.

– W.G.베남. "영국 격언집"

& 공포는 미신 때문에 생기며, 잔인성을 유발하기도 한다.

– B.러셀 "인기 없는 수필집"

& 바다를 무서워하지 않는 사람은 머지않아 익사할 것이다. 그러나 우리는 바다를 두려워하기 때문에, 우리는 이따금씩 익사할 뿐이다.

- J.M. 싱 "아란 도"

& 근심은 고통을 빌려가는 사람들이 지불하는 이자이다.

- G.W. 라이언 "판결문"

& 두려운 것은 죽음이나 고난이 아니라, 고난과 죽음에 대한 공포이다.

- 에픽테토스 "어록"

& 두려움은 언제나 무지에서 샘솟는다.

- 에머슨 "자연, 연설 및 강의"

괴로움에 관한 명언격언

& 역경은 진리로 통하는 으뜸가는 길이다.

– 바이런 "돈주앙"

& 곤란은 가혹한 스승이다.

– E.버크 "프랑스 혁명의 회상"

& 고통은 인간을 생각하게 만든다. 사고는 인간을 현명하게 만든다. 지혜는 인생을 견딜 만한 것으로 만든다.

– J.패트릭 "팔월 십오야의 찻집"

& 군자는 곤궁한 처지에 빠져도 마음이 흔들이지 않는다. 그러나 소인은 곤궁하게 되면 난폭한 생각을 하느니라.

– 논어 위령공편

& 비 온 뒤에 땅이 굳어진다.

– 속담

& 괴로움이 남기고 간 것을 맛보아라. 고통도 지나고 나면 달콤한 것이다.

– 괴테

& 비록 환경이 어둡고 괴롭더라도 항상 마음의 눈을 넓게 뜨고 있어라.

– 명심보감

& 고난이 있을 때마다 그것이 참된 인간이 되어 가는 과정임을 기억해야 한다.

- 괴테

& 방향성 식물은 성장하는 동안에는 향기를 내지 않지만 땅 위에 짓밟히고 으깨어지면 달콤한 향기를 사방에 흩날린다.

- O. 골드스미스 "포로"

& 고생보다 더 중요한 교육은 없다.

- 지스레지

& 고통은 천진난만한 자에게도 거짓말을 강요한다.

- 푸블릴리우스 "잠언집"

교육에 관한 명언격언

& 남의 나쁜 점 꾸짖기를 너무 엄하게 하지 말라. 그 말을 받아서 감당할 수 있는가를 생각해야 한다. 남에게 착한 일 가르치기를 너무 높은 것으로써 하지 말라. 그 사람이 행할 수 있는 것으로써 해야 한다.

– 채근담

& 교육이란 알지 못하는 바를 알도록 가르치는 것을 의미하는 것이 아니라, 교육은 사람들이 행동하지 않을 때 행동하도록 가르치는 것을 의미한다.

– 마크 트웨인

& 사람이 아는 바는 모르는 것보다 아주 적으며, 사는 시간은 살지 않는 시간에 비교가 안될 만큼 아주 짧다. 이 지극히 작은 존재가 지극히 큰 범위의 것을 다 알려고 하기 때문에, 혼란에 빠져 도를 깨닫지 못한다.

– 장자

& 조금을 알기 위해서 많이 공부해야 한다.

– 몽테스키외 "명상록과 판단집"

& 배우지 않으면 곧 늙고 쇠해진다.

– 주자

& 책망이 칭찬보다 더 안전하다.

– 에머슨 "수필집"

& 인간을 지력으로만 교육시키고 도덕으로 교육시키지 않는다면 사회에 대하여 위험을 기르는 것이 된다.

– D.루즈벨트

& 젊을 때에 배움을 소홀히 하는 자는 과거를 상실하고 미래도 없다.

– 에우리피데스 "프릭쿠스"

국가에 관한 명언격언

& 내 조국은 세계요, 내 종교는 선을 행하는 것이다.

– T.페인 "인권론"

& 강대국의 책임은 세계를 지배하는 것이 아니라 세계에 봉사하는 것이다.

– H.S.트루먼" 의회에 보낸 메시지"

& 나는 세계의 시민이다.

– 디오게네스

& 우리의 조국이란 우리의 마음이 묶여 있는 곳이다.

– 볼테르 "환상"

& 나라에 의가 지켜지지 않으면 비록 클지라도 반드시 망할 것이요, 사람에게 착한 뜻이 없으면 힘이 있을 지라도 반드시 상하고 말 것이다.

– 회남자

& 한 나라를 세우기 위해서는 일 천년도 부족하지만, 그것을 무너뜨리기 위해서는 단 한 시간으로도 족하다.

– 바이런 –

& 국가의 불의는 국가를 몰락으로 이끄는 가장 정확한 길이다.

– W.E.글래드스턴

& 모든 제국은 소화불량으로 죽는다.

- 나폴레옹 "어록"

& 국가는 자살에 의하지 않고는 결코 쇠망하지 않는다.

- R.W.에머슨

& 국가가 사람을 위해 만들어졌지 사람이 국가를 위해 만들어지지 않았다.

- 아인슈타인 "내가 보는 바와 같은 세계"

& 국가가 있는 한 자유는 없다. 자유가 있을 때는 국가가 있지 않을 것이다.

- N.레닌 "국가와 혁명"

& 현대국가는 권리밖에는 더 이상 아무것도 가지지 않는다. 그것은 의무를 조금도 인식하지 않는다.

-G.베르나노스

& 국가는 시민의 하인이지 주인이 아니다.

- J.F.케네디

& 국민들로 하여금 그들이 통치한다고 생각하게 하라. 그러면 그들이 통치 받을 것이다.

- W.펜 "고독의 열매"

권리와 의무에 관한 명언격언

& 시민의 불복종은 시민의 타고난 권리이다.

- 간디

& 권리의 진정한 연원은 의무이다.

- 간디

& 신하된 자는 사해구주의 원한을 한 몸에 감당해야만 국가에 충성을 다하는 것이다.

- 왕안석

& 하늘은 한 사람의 어진 이를 내어 뭇사람의 어리석음을 알려주나 세상은 도리어 잘난 것을 뽐냄으로써 남의 모자라는 곳만 들춰내고 있다. 하늘은 한 사람에게 부를 주어 여러 사람의 곤함을 건지게 함이건만, 세상은 도리어 저 있는 바를 믿고 사람의 가난함을 깔보나니 진실로 하늘의 벌을 받을진저.

- 채근담

& 민주주의는 우리가 필요할 때마다 국민들에게 주는 명칭이다.

- R.D.플레르

& 당신이 원하든 원하지 않든 당신이 선출한 그 사람을 참고 견뎌야 한다.

- W.로저스

& 당신들의 국가를 영속시키려면 공공의 안전을 위해 결속하라.

– 나폴레옹

& 인간 최고의 의무는 타인을 기억하는 데 있다.

– V.위고

& 재산은 권리와 의무를 동시에 갖는다.

– 로저스

& 희생은 종교의 제일 요소로서 이것을 신학용어로 번역한다면 신의 사랑이 된다.

– 훌드

& 의무가 있은 다음에 쾌락이 있다.

– 영국 격언

& 살아서든 죽어서든 너의 책임을 완수하라.

– 러스킨

& 너의 가장 가까운 곳에 있는 의무를 행하라.

– 킹슬레

근면에 관한 명언격언

& 큰 재주를 가졌다면 근면은 그 재주를 더 낫게 해줄 것이며, 보통의 능력밖에 없다면 근면은 부족함을 보충해 줄 것이다.

– J.레이놀즈

& 부지런함에도 의와 이의 구분이 있다. 닭이 울 때부터 부지런하기로는 순임금이나 도적이나 한가지이기 때문이다.

– 가정집

& 사람은 부지런하면 생각하고, 생각하면 착한 마음이 일어나는데, 놀면 음탕하고, 음탕하면 착함을 잊으며, 착함을 잊으면 악한 마음이 생긴다.

– 소학

& 미래는 일하는 사람의 것이다. 권력과 명예도 일하는 사람에게 주어진다. 게으름뱅이의 손에 누가 권력이나 명예를 안겨줄까.

– 힐티

& 백 권의 책에 쓰인 말보다 한 가지 성실한 마음이 더 크게 사람을 움직인다.

– B.프랭클린

기쁨과 슬픔에 관한 명언격언

& 슬픔은 혼자서 간직할 수 있다. 그러나 기쁨이 충분한 가치를 얻으려면 기쁨을 누군가와 나누어 가져야 한다.

– 마크 트웨인 "적도를 따라"

& 슬픔을 나누면 반으로 줄지만, 기쁨을 나누면 배로 는다.

– J.레이 "영국 격언집"

& 우리는 남의 기쁨에서 우리 자신의 슬픔을 뽑아오고 남의 슬픔에서 우리의 기쁨을 얻어 온다.

– O.펠덤 "결심"

& 웃음도 눈물도 그렇게 오래 가는 것은 아니다. 사랑도 욕망도 미움도 한 번 스치고 지나가면, 마음속에 아무런 힘을 미치지 못하는 것이라고 나는 생각한다.

– 어네스트 다우슨

& 조급히 굴지 마라. 행운이나 명성도 일순간에 생기고 일순간에 사라진다. 그대 앞에 놓인 장애물을 달게 받아라. 싸워 이겨 나가는 데서 기쁨을 느껴라.

– 앙드레 모루아

돈에 관한 명언격언

& 돈이란 훌륭한 하인이기도 하지만,
나쁜 주인이기도 하다.

(프랭클린)

& 만약 제군이 돈의 가치를 알고 싶으면 나가서 얼마간의 돈을 빌려 보라.

(프랭클린)

& 오늘 달걀을 한 개 갖는 것보다 내일 암탉을 한 마리 갖는 편이 낫다.

(토머스 흘러)

& 잘 닦여진 구리는 갓 캐낸 금보다도 한층 더 많은 사람의 눈에 띄기 쉽다.

(체스터필드)

분노에 관한 명언격언

& 분노를 억제하지 못하는 것은 수양이 부족한 표시이다.

– 플르타크

& 누구든지 성을 낼 수 있다. 그것은 쉬운 일이다. 그러나 올바른 대상에게 올바른 정도로, 올바른 시간에, 올바른 목적으로, 올바른 방식으로 성을 내는 것은 모든 사람들이 할 수 있는 일이 아니며 쉬운 일도 아니다.

– 아리스토텔레스

& 지독히 화가 날 때에는 인생이 얼마나 덧없는가를 생각해 보라.

– 마르쿠스 아우렐리우스 "명상록"

& 분노하여 가하는 일격은 종국에 우리 자신을 때린다.

– W.펜 "고독의 열매"

& 해로운 것은 숨겨진 분노이다.

– 세네카

& 자기 분노의 물결을 막으려고 노력하지 않는 자는 고삐도 없이 야생마를 타는 셈이다.

– L.시버

말에 관한 명언격언

• 아는 것을 안다 하고 모르는 것을 모른다 하는 것이 말의 근본이다.

– 순자

• 한 마디의 말이 들어맞지 않으면 천 마디의 말을 더 해도 소용이 없다. 그러기에 중심이 되는 한 마디를 삼가서 해야 한다. 중심을 찌르지 못하는 말일진대 차라리 입 밖에 내지 않느니만 못하다.

– 채근담

• 말이 있기에 사람은 짐승보다 낫다. 그러나 바르게 말하지 않으면 짐승이 그대보다 나을 것이다.

– 사디 "고레스탄"

• 인간은 입이 하나 귀가 둘이 있다. 이는 말하기보다 듣기를 두 배 더하라는 뜻이다.

– 탈무드

• 질병은 입을 좇아 들어가고 화근은 입을 좇아 나온다.

– 태평어람

• 입은 화의 문이요, 혀는 이 몸을 베는 칼이다. 입을 닫고 혀를 깊이 간직하면 몸 편안히 간 곳마다 튼튼하다.

– 전당시

• 말은 마음의 초상이다.

– J.레이

• 누구도 자기가 하는 말이 다 뜻이 있어서 하는 것이 아니다. 그럼에도 자기가 뜻하는 바를 모두 말하는 사람은 거의 없다.

– H.애덤즈

• 말을 많이 한다는 것과 잘 한다는 것은 별개이다.

– 소포클레스

• 말도 아름다운 꽃처럼 그 색깔을 지니고 있다.

– E.리스 "말"

명예에 관한 명언격언

● 명예는 울퉁불퉁하며 모래사장이 없는 섬과도 같아 일단 그곳을 떠나버리면, 우리는 결코 돌아갈 수 없다.

- 브왈로 "풍자시집"

● 명예는 정직한 수고에 있다.

- G.클리블랜드

● 명예는 태도를 바꾼다.

- 베르질리우스 "잠언집"

● 자랑스럽게 사는 것이 그 이상 가능하지 않을 때 사람은 자랑스럽게 죽어야 한다.

- 니체 "우상의 황혼"

● 모든 훌륭한 명예의 실례는 고난과 불행에서 성장된다.

- S.다니엘 "사우댐튼 백작에 대하여"

● 명예는 우리가 하는 행위에 의해 획득된다. 명예는 어떤 계기를 맞아 행위가 이루어질 때까지는 얻어지지 않는다.

- C.말로우 "헤로와 레안데르"

● 적합한 것은 명예롭고, 명예로운 것은 적절하다.

- 키케로 "의무론"

● 도적들 사이에도 명예가 있다.

– 스코트 "붉은 태형"

● 나 자신이 내 명예의 수호자다.

– N.로우 "아름다운 후회"

● 너에게 명예가 오면 기꺼이 받으라. 그러나 가까이 있기 전에는 붙잡으려고 손을 내밀지 말라.

– J.B.오라일리 "도로규칙"

● 부귀공명의 마음을 다 놓아버려야 범속의 자리를 벗어날 것이요, 인의나 도덕의 마음을 다 털어 버려야 비로소 성현의 자리에 들어갈 것이다.

– 채근담

● 명예는 물 위의 파문과 같으니, 결국은 무로 끝난다.

– 셰익스피어

문화에 관한 명언격언

◀ 전통예술이란 타락에 지나지 않는다.

– 한스 휜 뮤로

◀ 예술, 그것은 무용의 것이다.

– 오스카 와일드

◀ 오늘날의 과학문화는 인간의 가장 하등한 의식을 토대로 해서 발달하고 있음에 불과하다는 사실을 잊어서는 안 된다.

– 사와키

◀ 철학자가 통치자이고, 통치자가 철학자인 국가는 행복하다.

– 플라톤

◀ 문명이란 근로의 산물이다.

– 스마일스

◀ 하나의 발명은 전 인류의 행복이다.

– 헨리 픽쳐

◀ 단지 자신만을 위해서 생활하는 이는 생활할 가치가 없다.

– 영국 속담

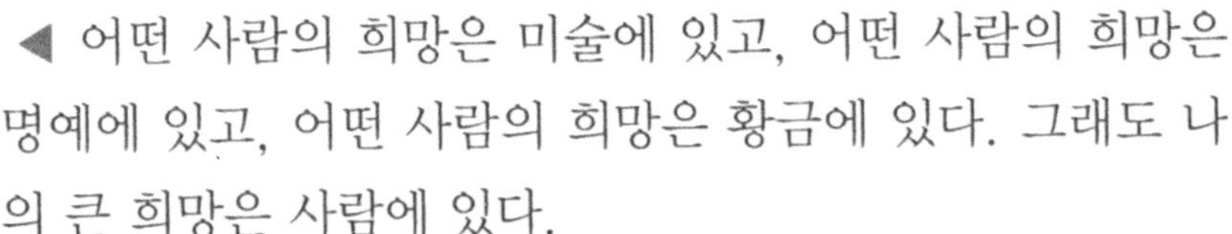

◀ 어떤 사람의 희망은 미술에 있고, 어떤 사람의 희망은 명예에 있고, 어떤 사람의 희망은 황금에 있다. 그래도 나의 큰 희망은 사람에 있다.

– 윌리엄 부스

◀ 대사업의 기록은 대고난의 기록이다.

– 스마일스

◀ 주의는 천재를 만든다. 학문, 사상, 과학은 모두 주의에 기틀을 둔다.

– 월 모트

◀ 평화는 예술의 보모이다.

– 셰익스피어

◀ 인도를 잃어버리더라도 셰익스피어를 잃고 싶지 않다.

– 칼라일

◀ 음악은 정욕을 감화하는 일을 한다. 때문에 정부는 크게 이를 장려해야 한다. 좋은 가곡은 마음을 감동시켜 마음을 감동시켜 부드럽게 함으로써 이성을 설복하려는, 도덕보다도 그 영향이 더욱 크다.

– 나폴레옹

민주주의에 관한 명언격언

◉ 진정한 민주주의는 비폭력에 의해서만 가져올 수 있는 것이라고 믿고 있다.

- 간디

◉ 만일 신이 국민이라면 그들의 정부는 민주적일 것이다. 그러나 그같이 완전한 정부는 인간을 위하여 존재하지 않는다.

- 루소

◉ 현대는 초민주주의 시대다. 이것이야말로 우리 시대가 우려할만한 사실이다.

- 오르데카

◉ 민주주의 하에서는 제일 약한 자도 제일 강한 자와 똑같은 기회를 획득한다.

- 간디

◉ 천성의 민주주의자는 선천적으로 규율을 여행하는 자이다.

- 간디

◉ 공화정치의 본질은 명령이 아니다. 그것은 동의이다.

- A.스티븐슨

◉ 민주주의는 뗏목과 같아 쉽게 전복할 수 없다.

– J.쿠크

◉ 민주주의에 두 가지 갈채를 보낸다. 하나는 다양성을 용인하기 때문이요, 또 하나는 비판을 허락하기 때문이다.

– E.M.포스터

◉ 다수자가 통치하고 소수자가 통치되는 것은 자연법칙에 위반된다.

– 루소

◉ 민주주의는 무엇보다 우수한 통치형태이다. 그것은 인간을 이성적 존재로서 존경하는 데 기초하기 때문이다.

– J.F.케네디

◉ 민주주의란 토의에 의한 통치를 의미한다.

– C.애틀리 "영국의 해부"

◉ 압제의 습관은 도리를 노예로 한다.

– 영국 속담

◉ 대중이 원하면 소도 잡아먹는다.

– 불가 격언

병에 관한 명언격언

◉ 나는 병의 회복기를 즐긴다. 그것은 병의 가치를 알기 때문이다.

– G.B.쇼어

◉ 질병은 인생을 깨닫게 하는 훌륭한 교사다.

– W.NL.영안

◉ 정승을 부러워 말고 네 몸이나 건강케 하라.

– 한국 속담

◉ 건강한 몸을 가진 자가 아니고서는 조국에 충실한 자가 되기 어렵고, 좋은 아버지, 좋은 아들, 좋은 이웃이 되기 어렵다.

– 페스탈로치

◉ 건강은 제일의 재산이다.

– 에머슨

◉ 질병은 몸의 고장이 아니라 마음의 고장이다.

– 에디 부인

◉ 병을 숨기는 자에게는 약이 없다.

– 에티오피아 속담

◉ 건강을 유지하는 것은 자신에 대한 의무이며, 또한 사회에 대한 의무이다.

– B.프랭클린

◉ 건강한 사람은 자기의 건강을 모른다. 병자만이 자신의 건강을 알고 있다.

– 칼라일

◉ 자신이 건강하다고 믿는 환자는 고칠 길이 없다.

– 아미엘

◉ 건강한 자는 모든 희망을 안고, 희망을 가진 자는 모든 꿈을 이룬다.

– 아라비아 격언

◉ 수면은 피로한 마음의 최상의 약이다.

– 세르반테스

◉ 자연과 시간과 인내는 3대 의사다.

– H.G.보운

부모에 관한 명언격언

◉ 요즈음은 부모에게 물질로써 봉양함을 효도라 한다. 그러나 개나 말도 집에 두고 먹이지 않는가. 공경하는 마음이 여기에 따르지 않으면 짐승과 무엇이 다르겠는가.

– 논어 위정편

◉ 아버님 날 낳으시고 어머님 날 기르시니 두 분 곧 아니시면 이 몸이 살았을까. 하늘같은 은덕을 어디다가 갚사오리.

– 정철

◉ 한 아버지는 열 아들을 기를 수 있으나 열 아들은 한 아버지를 봉양키 어렵다.

– 독일 격언

◉ 자녀에게 회초리를 쓰지 않으면 자녀가 아비에게 회초리를 든다.

– 풀러 "성지"

◉ 아버지에게 손찌검을 하는 아들을 둔 아버지는 누구나 죄인이다. 자기에게 손찌검을 하는 아들을 만들었기 때문이다.

– C.페기

◉ 부모가 이미 세상을 떠나고 안 계시더라도, 무슨 일을 당했을 때 옳게 행동하는 것은 부모의 명예를 빛내는 것이니 힘을 주어 하게 되고, 한편으로는 나쁜 짓을 하려다가도 부모의 이름을 더럽히지 않으려고 다시 반성하여 좋지 않은 일은 하지 않는 것이다.

– 예기

부부에 관한 명언 격언

◉ 한 몸 둘에 나눠 부부를 만드시니 있을 제 함께 늙고 죽으면 함께 간다. 어디서 망령의 것이 눈 흘기려 하느뇨.

– 정철 "송강가사 훈민가"

◉ 아내를 눈으로 보고서만 택해선 안 된다. 눈보다는 귀로써 아내를 선택하라.

– T.풀러 " 잠언집"

◉ 남편에 대한 슬픔은 팔꿈치 속의 아픔과 같이 매섭고 짧다.

– T.풀러 "잠언집"

◉ 착한 아내와 건강은 남자의 가장 훌륭한 재산이다.

– H.스퍼전 "농부 존"

◉ 여자에게는 칭찬받을 네 가지 덕이 있으니 덕성, 용의, 말씨, 솜씨이다.

– 명심보감 부행편

◉ 살림을 못하는 여자는 집에 있어도 행복하지 않으며, 집에서 행복하지 못한 여자는 어디를 가도 행복할 수 없다.

– 톨스토이

◉ 남편들이 보통 친구들에게 베푸는 것과 꼭 같은 정도의 예의만을 부인에게 베푼다면 결혼생활의 파탄은 훨씬 줄어들 것이다.

– 화브스타인

◉ 부부된 자는 의로써 화친하고 은으로써 호합한다. 남편이 아내를 때리면 무슨 의가 있겠으며, 또 꾸짖으면 무슨 은이 있겠는가.

– 후한서

부와 빈곤에 관한 명언 격언

◉ 부자는 망해도 삼년 먹을 것이 있다.

– 속담

◉ 가난 구제는 나라도 못한다.

– 속담

◉ 돈은 밑없는 깊은 물속과 같다. 명예도 양심도 진리도 모두 그 속에 빠지고 만다.

– 카스레

◉ 재물은 생활을 위한 방편일 뿐 그 자체가 목적이 될 수는 없다.

– 칸트

◉ 나물 먹고 물마시며 팔꿈치를 굽혀 베개로 삼아도 즐거움은 역시 그 가운데에 있다.

– 논어

◉ 가난하며 원망하지 않기 어렵고, 부자이면서 교만하지 않기 또한 쉬운 일이 아니다.

– 논어 헌문편

◉ 빈곤은 가난하다고 느끼는 데서 존재한다.

– 에머슨 "사회와 고독"

◉ 가난한 사람은 덕으로, 부자는 선으로 이름을 떨쳐라.

– 주베르 "명상록"

◉ 부자는 튼튼한 위를 가져야 한다.

– W.휘트먼 "짧은 기도문"

◉ 빈곤은 가진 것이 거의 없다는 뜻이 아니라, 많이 가지고 있지 않다는 뜻이다.

– 안티파테르 "단편집"

◉ 빈곤은 재앙이 아니라 불편이다.

– J.플로리오 "두 번째 열매"

◉ 부란 분뇨와 같아서 그것이 축적되면 악취를 내고, 산포되면 땅을 비옥하게 한다.

– 톨스토이

◉ 부란 바닷물과 비슷하다. 마시면 마실수록 목구멍에 갈증이 오는 것이다.

– 쇼펜하우어

◉ 부귀해지면 친척도 이것을 어려워하고, 빈천해지면 이를 업신여긴다.

– 소진

불같은 사랑에 관한 명언격언

◉ 사랑이란 마치 열병 같아서 자기 의사와는 관계없이 생겼다간 꺼진다.

(스탕달)

◉ 사랑이란 젊은 마음에는 너무나도 강력한 즐거움이다. 다른 어떤 신앙이 연애와 양립될 수 있을 것인가.

(로망 로랑)

◉ 사랑은 늦게 올수록 격렬하다.

(호라티우스)

◉ 정열은 강이나 바다와 가장 비슷하다. 아픈 것은 소리를 내지만 깊은 것을 침묵을 지킨다.

(까뮈)

사랑에 관한 명언격언

◉ 사랑할 때는 사상 따위가 문제가 안 된다. 내가 사랑하는 여자가 음악을 좋아 하는가 어떤가는 문제가 안 된다. 결국 어떤 사상에도 우열을 결정하기란 힘들다. 세상에는 오직 하나의 진리가 있을 뿐이다. 그것은 서로 사랑하는 것이다.

-로망 롤랑-

◉ 사랑에는 네 가지가 있다. 정열적인 사랑, 취미의 사랑, 육체의 사랑, 허영의 사랑이 그것이다.

-스탕달-

◉ 사랑은 짧게 웃고 길게 우는 것이다.

-가이베르-

◉ 인간의 본성은 착한 것이다.

- 맹자

◉ 인간의 본성은 악한 것이다.

- 순자

◉ 열 길 물속은 알아도 한 길 사람 마음은 모른다.

- 속담

◉ 호랑이는 그리되 뼈는 그리기 어렵고, 사람을 알되 마음은 알지 못한다.

– 명심보감

◉ 사람과 쪽박은 있는 대로 쓴다.

– 속담

◉ 사람 살 곳은 골골이 있다.

– 속담

◉ 사람은 열 번 된다.

– 속담

◉ 사람을 의심하거든 쓰지 말고, 사람을 썼거든 의심하지 말라.

– 명심보감

◉ 나는 자신을 발견했을 때 졸도할 뻔했다.

– M.루터

◉ 사람은 절반은 짐승이요, 절반은 마귀인 것이다.

– 휘필드

◉ 인간은 반항하는 존재다.

– 까뮈

◉ 우리는 사람을 알려고 할 때, 그 사람의 손이나 발을 보지 않고 머리를 본다.

– 캘빈

◉ 인간은 목표를 추구하도록 만들어 놓는 존재다.

– M.말쯔

◉ 인간의 행실은 각자가 자기의 이미지를 보여주는 거울이다.

– J.W.괴테

◉ 종이라고 하는 것은 치면 소리가 난다. 쳐도 소리가 나지 않는 것은 세상에서 버린 종이다. 또 거울이란 비추면 그림자가 나타난다. 비추어도 그림자가 나타나지 않는 것은 세상에서 내다버린 거울이다. 보통 사람이란 사랑하면 따라온다. 사랑해도 따라오지 않는 사람은 또한 세상에서 버린 사람이다.

– 한용운 –

◉ 오, 사랑이여! 그대는 바로 악의 신이로다. 하긴 우리

들은 그대를 악마라고는 부르지 못 하니까.

– 바이런 "돈주앙"

◉ 애정의 수단으로 행복해지는 유일한 길이 있다. 즉 아무도 사랑하지 않는 것이다.

– P.부르제 "현대 연애생리학"

◉ 사랑은 왕궁에서뿐 아니라 오두막집에서도 산다.

– J.레이

◉ 사랑의 치료법은 더욱 사랑하는 것밖에는 없다.

– H.D.도로우 "일기"

◉ 사랑하며 가난한 것이 애정 없는 부유함보다 훨씬 낫다.

– L.모리스

◉ 사랑이란 뿌리는, 땅 속 깊숙이 박았지만 가지는 하늘로 치뻗은 나무이어야 한다.

– B.러셀 "결혼과 도덕"

◉ 사랑은 너무 어려 양심이 무엇인지 모른다. 그러나 양심이 사랑에서 태어나는 것을 누가 모르는가?

– 셰익스피어 "소네트집"

◉ 젊은이들의 사랑은 마음속에 있지 않고 눈 속에 있다.

-셰익스피어-

◉ 사랑은 일에 굴복한다. 만일 사랑으로부터 빠져 나오기를 원한다면, 바쁘게 되라. 그러면 안전할 것이다.

– 오비디우스 "사랑의 치료"

◉ 사랑은 두 사람이 자기중심 주의적이다.

– A.D.샬

◉ 사랑에 대한 유일한 승리는 탈출이다.

– 나폴레옹

사랑과 우정이 어우러진 명언격언

◉ 사랑은 진실을 고백했을 때 깨어지는 수가 있고, 우정은 허위로 깨어진다.

(보나르)

◉ 시간은 우정을 강하게 만들고 사랑은 약하게 만든다.

(라 브르예르)

◉ 어떤 목적을 위해서 시작된 友情은 그 목적을 달할 때까지도 계속이 되지 않는다.

(칼즈)

◉ 우정이란 성장이 더딘 식물이다. 그것이 우정이라고 불릴 만한 가치가 있게 되기에 그것은 몇 번이고 어려운 충격을 받고 또 그것에 견디어 내지 않으면 안 된다.

(워싱톤)

◉ 우정은 기쁨을 두 배로 하고 슬픔을 반감시킨다.

(실러)

◉ 친구끼리의 이별은 확실히 우울하고 슬픈 일, 그러나 愛人끼리의 이별과 같은 고민은 느끼지 않는다.

(불워 리턴)

사음에 관한 명언격언

◉ 환락이 진하니, 애수의 정이 또한 짙구나.

– 한무제 "추풍사"

◉ 대개 결혼의 파탄은 한쪽이 자아를 손상시키는 데서 생긴다.

– 알랭

◉ 부덕이라는 것은 정조를 맑게 하고 곧게 지키며, 분수를 지키고 몸을 정돈하며, 행동을 얌전하게 하는 것을 말한다.

– 장자

◉ 정숙한 아내의 사랑을 얻는 것이 남자로서는 가장 보람된 일이다.

– 카르마 요가

◉ 기녀라도 늙으막에 양인을 따르면 한 세상 분 냄새가 거리낌이 없을 것이요, 정숙한 부인이라도 늙으막에 정조를 잃고 보면 반생의 깨끗한 고절이 아랑곳없으리라.

– 채근담

살생에 관한 명언격언

◉ 한 사람을 죽이면 그는 살인자다. 수백만 명을 죽이면 그는 정복자이다. 모든 사람을 죽이면 그는 신이다.

- J.로스탕 "자전적 명상록"

◉ 죽은 자에게 신은 생명을 되 붙여준다.

- V.위고 "레미제라블"

◉ 진실은 백일하에 드러날 것이고, 살인도 오래 숨기지는 못한다.

- 셰익스피어 "베니스의 상인"

◉ 살인도 재능처럼 혈통을 따라 흐는 것 같다.

- G.H.루이스

◉ 우리는 모든 사람을 죽인다. 몇 사람은 총알로, 몇 사람은 말로. 모든 사람은 그들의 행위로 사람들을 무덤으로 몰아넣고도 그것을 보지도 않고 느끼지도 않는다.

- M.고리키 "적"

◉ 살인 없이 사는 것은 세상을 놀라게 할 수 있을 그런 생각이다.

- H.밀러 "헨리밀러 독본"

선악에 관한 명언격언

◉ 악을 피하기 위해 선을 저지름은 선일 수 없다.

– 실러 "발렌슈타인"

◉ 악행은 덕행보다 언제나 더 쉽다. 그것은 모든 것에 지름길로 가기 때문이다.

– S.존슨

◉ 악은 즐거움 속에서도 괴로움을 주지만, 덕은 고통 속에서도 우리를 위로해 준다.

– C.C.콜튼 "라곤"

◉ 착한 일을 하고 이익을 보지 않음은 풀 속에 난 동과와 같으니 모르는 가운데 절로 자란다. 몹쓸 일을 하고도 손해를 보지 않음은 뜰 앞의 봄눈과 같으니 모르는 중에 반드시 녹게 된다.

– 채근담

◉ 착한 일은 작다 해서 아니하지 말고, 악한 일은 작다 해도 하지 말라.

– 명심보감

◉ 선의 끝은 악이요, 악의 끝은 선이다.

– 라 로시코프 "금언집

스승과 제자에 관한 명언격언

◉ 암시하는 법을 아는 것은 가르치는 큰 기술이다.

- 아미엘 "일기"

◉ 주는 자는 가르치고, 받아들이는 자는 배운다.

- 에머슨 "수필집"

◉ 가르치는 것은 두 번 배우는 것이다.

- J.주베르 "명상록"

◉ 어려운 일을 쉽게 만들 수 있는 사람이 교육자이다.

- 아미엘 "일기"

◉ 안으로 훌륭한 부형이 없고, 밖으로 엄한 사우가 없이 능히 성취한 사람은 드물다.

- 여희철 "명심보감 훈자편"

◉ 가르친다는 허영심은 때로는 인간으로 하여금 자신이 바보라는 사실을 잊도록 유도한다.

- 핼리팩스 "작품집"

◉ 우리를 신뢰하는 자가 우리를 교육한다.

- G.엘리엇 "다니엘 데론다"

◉ 배운다는 것은 사치다. 그러나 배움의 사치가 가르침의 사치와 비교될 수는 없다.

– R.D. 히치코크 "영원한 속죄"

◉ 학문은 잠시도 쉬어서는 안 된다. 푸른 색깔은 쪽에서 나오지만 쪽보다 더 푸르고, 얼음은 물이 만들지만 물보다 더 차다.

– 순자

◉ 한 명의 훌륭한 교사는, 때로는 타락자를 건실한 시민으로 바꿀 수 있다.

– P.윌리 "독사들의 세대"

◉ 행할 수 있는 자는 행하게 하고, 행할 수 없는 자는 가르친다.

– G.B.쇼 "인간과 초인간"

◉ 세 사람이 걸어가면 반드시 나의 스승이 있다.

– 공자 "논어"

◉ 스승은 종과 같다.

– 예기

시간에 관한 명언격언

◉ 소심하게 굴기에 인생은 너무나 짧습니다.

– 카네기

◉ 짧은 인생은 시간의 낭비에 의해 더욱 짧아진다.

– S. 존슨

◉ 일은 그것이 쓰일 수 있는 시간이 있는 만큼 팽창한다.

– 파킨스

◉ 시간을 단축시키는 것은 활동이요, 시간을 견디지 못하게 하는 것은 안일함이다.

– 괴테

◉ 짬을 이용하지 못하는 사람은 항상 짬이 없다.

– 유럽의 속담

◉ 시간이 모든 것을 말해준다. 시간은 묻지 않았는데도 말을 해주는 수다쟁이다.

– 에우리피데스

◉ 오늘 계란 하나를 가지는 것보다 내일 암탉 한 마리를 가지는 쪽이 낫다.

– 플러

오늘 할 수 있는 일에만 전력을 쏟으라.

– 뉴턴

◉ 나는 장래의 일을 절대로 생각하지 않는다. 그것은 틀림없이 곧 오게 될 테니까.

– 아인슈타인

◉ 미래를 신뢰하지 마라, 죽은 과거는 묻어버려라, 그리고 살아있는 현재에 행동하라.

– 롱펠로

◉ 오늘 가장 좋게 웃는 자는 역시 최후에도 웃을 것이다.

– 니체

◉ 오늘이라는 날은 두 번 다시 오지 않는다는 것을 잊지 말라.

– 단테

◉ 오늘 하루를 헛되이 보냈다면 그것은 커다란 손실이다. 하루를 유익하게 보낸 사람은 하루의 보물을 파낸 것이다. 하루를 헛되이 보냄은 내 몸을 헛되이 소모하고 있다는 것을 기억해야 한다.

– 앙리 프레데리크 아미엘

◉ 계획이란 미래에 관한 현재의 결정이다.

– 드래커

◉ 시간은 말로써 나타낼 수 없을 만큼 멋진 만물의 소재이다.

– 아놀드 버넷

◉ 시간을 선택하는 것은 시간을 절약하는 것이다.

– 베이컨

◉ 시간이 덜어주거나 부드럽게 해주지 않는 슬픔이란 하나도 없다.

– 키케로

◉ 시간이 말하는 것을 잘 들어라. 시간은 가장 현명한 법률고문이다.

– 페리클레스

◉ 가라, 달려라, 그리고 세계가 6일 동안에 만들어졌음을 잊지 말라. 그대는 그대가 원하는 것은 무엇이든지 나에게 청구할 수 있지만 시간만은 안 된다.

– 나폴레옹

◉ 가장 바쁜 사람이 가장 많은 시간을 갖는다. 부지런히 노력하는 사람이 결국 많은 대가를 얻는다.

– 알렉산드리아 피네

◉ 그대는 인생을 사랑하는가? 그렇다면 시간을 낭비하지 말라. 왜냐하면 시간은 인생을 구성한 재료니까. 똑같이 출발하였는데, 세월이 지난 뒤에 보면 어떤 사람은 뛰

어나고 어떤 사람은 낙오자가 되어 있다. 이 두 사람의 거리는 좀처럼 접근할 수 없는 것이 되어 버렸다. 이것은 하루하루 주어진 시간을 잘 이용했느냐 이용하지 않고 허송세월을 보냈느냐에 달려 있다.

– 벤자민 프랭클린

◉ 그대의 하루하루를 그대의 마지막 날이라고 생각하라.

– 호라티우스

◉ 내가 헛되이 보낸 오늘 하루는 어제 죽어간 이들이 그토록 바라던 하루이다. 단 하루면 인간적인 모든 것을 멸망시킬 수 있고 다시 소생시킬 수도 있다.

– 소포클레스

◉ 내일은 시련에 대응하는 새로운 힘을 가져다 줄 것이다.

– C.힐티

◉ 때가 오면 모든 것이 분명해진다. 시간은 진리의 아버지이다.

– 타블레

◉ 변명 중에서도 가장 어리석고 못난 변명은 "시간이 없어서"라는 변명이다.

– 에디슨

◉ 사람은 금전을 시간보다 중히 여기지만, 그로 인해 잃어버린 시간은 금전으로 살 수 없다.

– 유태격언

◉ 삼십 분이란 티끌과 같은 시간이라고 말하지 말고, 그 동안이라도 티끌과 같은 일을 처리하는 것이 현명한 방법이다.

– 괴테

◉ 새해는 묵은 욕망들을 소생시키고, 고독하고 사려 깊은 영혼이 물러가는 해.

– 오마르 하이얌

◉ 선천적으로 현명한 사람은 없다. 시간이 모든 것을 완성한다.

– 세르반테스

◉ 세월은 누구에게나 공평하게 주어진 자본금이다. 이 자본을 잘 이용한 사람에겐 승리가 있다.

– 아뷰난드

◉ 세월은 본래 길건만 바쁜 자는 스스로 줄이고, 천지는 본래 넓건만 천한 자는 스스로 좁히며, 바람과 꽃과 눈과 달은 본래 한가한 것이건만 악착같은 자는 스스로 분주하니라.

– 채근담

◉ 승자는 시간을 관리하며 살고, 패자는 시간에 끌려 산다.

– J. 하비스

◉ 시간 엄수는 군주의 예절이다.

– 루이 18세

◉ 시간과 정성을 들이지 않고 얻을 수 있는 결실은 없다.

– 그라시안

◉ 시간에의 충실, 그것이 행복이다.

– 에머슨

◉ 시간을 얻는 사람은 만사를 얻는다.

– 디즈레일리

◉ 시간을 지배할 줄 아는 사람은 인생을 지배할 줄 아는 사람이다.

– 에센 바흐

◉ 시간을 최악으로 사용하는 사람들은 시간이 부족하다고 늘 불평하는데 일인자이다.

– 라 브뤼에르

◉ 시간의 걸음걸이에는 세 가지가 있다. 미래는 주저하

면서 다가오고, 현재는 화살처럼 날아가고, 과거는 영원히 정지하고 있다.

- F. 실러

◉ 시간의 날개를 타고 슬픔은 날아가 버린다.

- 라 퐁테느

◉ 시간의 참된 가치를 알라. 그것을 붙잡아라. 억류하라. 그리고 그 순간순간을 즐겨라. 게을리 하지 말며, 헤이해지지 말며, 우물거리지 말라. 오늘 할 수 있는 일을 내일까지 미루지 말라.

- 체스터필드

◉ 어려운 일은 시간이 해결해 준다.

- 이솝우화

◉ 오늘 하루 이 시간은 당신의 것이다. 하루를 착한 행위로 장식하라.

- 루즈벨트

◉ 오늘의 식사는 내일로 미루지 않으면서 오늘 할 일은 내일로 미루는 사람이 많다.

- C. 힐티

◉ 우리는 일 년 후면 다 잊어버릴 슬픔을 간직하느라고 무엇과도 바꿀 수 없는 소중한 시간을 버리고 있습니다. 소심하게 굴기에 인생은 너무나 짧습니다.

– 카네기

◉ 인간은 항상 시간이 모자란다고 불평을 하면서 마치 시간이 무한정 있는 것처럼 행동한다.

– 세네카

◉ 하는 시간과 노는 시간을 뚜렷이 구분하라. 시간의 중요성을 이해하고 매 순간을 즐겁게 보내고 유용하게 활용하라. 그러면 젊은 날은 유쾌함으로 가득 찰 것이고 늙어서도 후회할 일이 적어질 것이며 비록 가난할 때라도 인생을 아름답게 살아갈 수 있다.

– 루이사 메이 올콧

◉ 전력을 다해서 시간에 대항하라.

– 톨스토이

◉ 지금이야말로 일할 때다. 지금이야말로 싸울 때다. 지금이야말로 나를 더 훌륭한 사람으로 만들 때다. 오늘 그것을 못하면 내일 그것을 할 수 있는가.

– 토마스 아켐피스

◉ 지나가는 시간이란 잃어버린 시간이며, 게으름과 무기력한 시간이며, 몇 번이고 맹세를 해도 지키지 못하는 시간이며, 때때로 이사를 하고 끊임없이 돈을 구하는데 분주한 시간이다.

– J.P. 샤르트르

◉ 하루의 가장 달콤한 순간은 새벽에 있다.

– 윌콕스

◉ 하루하루를 우리의 마지막 날인 듯이 보내야 한다.

– 푸블릴리우스 시루스

◉ 한가한 때 헛되이 세월을 보내지 않으면 다음날 바쁠 때 쓰임이 있게 되고, 고요한 때에도 쉼이 없다면 다음날 활동할 때 도움이 되느니라. 남이 안 보는 곳에서도 속이거나 숨기지 않으면 여럿이 있는 곳에 나갔을 때 떳떳이 행동할 수 있느니라.

– 채근담

◉ 한창 때는 다시 오지 않고, 하루가 지나면 그 새벽은 다시 오지 않는다. 때가 되면 마땅히 스스로 공부에 힘써야 하며 세월은 사람을 기다리지 않는다.

– 도연명

◉ 현대인은 무슨 일이든 그것을 재빨리 해치우지 않으면 시간을 손해 본다고 생각한다. 그러나 그들은 시간과 함께 자신이 얻는 것은 무익하게 시간을 보내는 것 외에는 무엇을 해야 할지 모르고 있는 것이다.

– 에릭 프롬

◉ 희망과 근심, 공포와 불안 가운데 그대 앞에 빛나고 있는 하루하루를 마지막이라고 생각하라. 그러면 예측할 수 없는 시간은 그대에게 더 많은 시간을 줄 것이다.

– 호레스

약속에 관한 명언격언

♬ '우리는 성인이 아니지만 약속을 지켰다' 고 얼마나 많은 사람들이 그렇게 자랑할 수 있는가?

- S.베케트

♬ 사람은 자기가 한 약속을 지킬만한 좋은 기억력을 가져야 한다.

- 니체

♬ 오랜 약속보다 당장의 거절이 낫다.

- 덴마크 격언

♬ 강요당하고는 절대로 말하지 말라. 그리고 지킬 수 없는 것은 말하지 말라.

- J.R.로우얼

♬ 해놓은 약속은 미지불의 부채이다.

- R.W.서비스

♬ 약속을 잘하는 사람은 잊어버리기도 잘한다.

- T.플러 "잠언집"

♬ 비통 속에 있는 사람과의 약속은 가볍게 깨진다.

- J.메이스필드

♬ 약속을 지키는 최선의 방법은 약속을 하지 않는 것이다.

– 나폴레옹

♬ 약속은 태산처럼 해놓고, 실천은 두더지 둔덕만큼 한다.

– C.H.스퍼전 "농부의 초상"

♬ 약속으로 배가 채워지지는 않는다.

– C.H.스퍼전

♬ 장사꾼같이 약속하고 군함같이 갚는다.

– T.플러 "잠언집"

♬ 시간엄수는 군주의 예절이다.

– 루이 18세

♬ 사람들의 서약은 빵 껍질이다.

– 셰익스피어 "헨리 5세"

♬ 사람들은 약속을 어기지 않는 것이 양자에게 다 같이 유리할 때 약속을 지킨다.

– 솔론

♬ 사람은 자기를 기다리게 하는 자의 결점을 계산한다.

– 프랑스 속담

에로스 신에 관한 명언격언

깃털보다도 가벼운 것은 – 먼지다.
먼지보다도 가벼운 것은 – 바람이다.
바람보다도 가벼운 것은 – 여자다.
여자보다도 가벼운 것은 – 아무 것도 없다.

(뭇세)

⊙ 언제나 사랑하고 있는 사람은 불평을 늘어놓거나 불행에 빠지거나 할 겨를 이 없다.

(쥬베르)

⊙ 에로스는 모든 신 중에서 인간의 최대의 벗이고 인류의 구조자이며 또 모든 고뇌의 의사다.

(플라톤)

⊙ 진심으로 사랑하는 사람은 결코 늙지 않는다.

(A W 피네로)

위인과 천재에 관한 명언격언

⦿ 당신의 정신을 위대한 사상으로 기르라. 영웅을 믿는 일이 영웅을 만들어 낸다.

(밴자민 디즈렐리)

⦿ 모방에 의해서 위대하게 된 사람은 아직 한 사람도 없었다.

(사무엘 존슨)

⦿ 영웅 숭배는 인류에 있어서는 어디서나 존재하고 있었고, 또 존재하고 있으며, 앞으로도 영구히 존재할 것이다.

(칼 라일)

⦿ 위인이란 소리를 듣는 것은 오해를 받는 일이다.

(에머슨)

⦿ 재능이 있는 사람은 사람들을 설득하며 천재는 오로지 자극을 준다.

(부르워 리튼)

⦿ 천재란 굴 껍질 속의 진주와도 같이 빛나는 일종의 병이 아닐까?

(하이네)

연애에 관한 명언격언

⊙ 사랑은 타오르는 불길인 동시에 앞을 비추는 광명이라야 한다. 타오르는 사랑은 흔하다. 그러나 불길이 꺼지면 무엇에 의지할 것인가. 사랑은 정신 생활면에 던지는 빛이 있어야 한다.

(바이런)

⊙ 사랑이란 늙는다는 것을 모른다.

(스탕달)

⊙ 연애는 결혼의 새벽, 결혼은 연애의 황혼이다.

(드 삐노)

⊙ 연애란 남자가 단 한 사람의 여자에 만족하기 위해 치르는 노력이다.

(폴 제라르디)

⊙ 이해관계를 떠나야 참된 사랑을 가질 수 있다.

(실러)

⊙ 입과 혀라는 것은 화와 근심의 문이요, 몸을 죽이는 도끼와 같다.

(명심보감)

⊙ 정치적인 변혁은, 커다란 저항을 진압한 뒤가 아니면 결코 행해서는 안 된다.

(허버트 스펜서)

⊙ 혁명을 성공시키는 것은 희망이지 절망을 아니다.

(끄로뽀또낑)

욕망에 관한 명언격언

⊙ 해나 달이 밝게 비추고자 해도 뜬 구름이 가리고, 강물이 맑아지고자 해도 흙이나 모래가 더럽히듯, 사람도 본성대로 허무 평평하고자 해도 욕심 때문에 방해를 받는다. 오직 성인만이 외부작용을 배제하고 자기 본성으로 돌아갈 수 있는 것이다.

– 회남자 재속훈

⊙ 생을 존중하는 사람은 비록 부귀해도 살기 위해 몸을 상하는 일이 없고 비록 빈천해도 사리를 위해 몸에 누를 끼치는 일이 없다. 그런데 요즈음 세상 사람들은 고관대작에 있으면 그 지위를 잃을까 걱정하고, 이권을 보면 경솔히 날뛰어 몸을 망치고 있다.

– 장자 잡편

⊙ 탐욕은 일체를 얻고자 욕심내어서 도리어 모든 것을 잃어버린다.

– 몽테뉴

⊙ 명예를 탐내고 이익을 욕심내어 허덕이던 자, 그 마음 채우지 못하고 헛되이 백발일세.

– 나옹 "보제존자어록"

⊙ 큰 집 천간이 있다 해도 밤에 눕는 곳은 여덟 자뿐이요, 좋은 논밭이 만경이나 되어도 하루 먹는 것은 두 되뿐이다.

– 명심보감 성심편

◉ 사디가 노래하듯이 가난한 자 열 명은 돗자리 하나에서 평화롭게 잠들지만 아무리 넓은 제국도 두 군주에게는 너무나 좁다.

– W.R.엔저 "동양시선"

◉ 재산의 수준을 높이기보다는 욕망의 수준을 낮추도록 애쓰는 편이 오히려 낫다.

– 아리스토텔레스 "정치학"

◉ 가장 적은 욕심을 갖고 있기 때문에 나는 신에 가까운 것이다.

– 소크라테스

◉ 탐욕이 많은 사람은 금을 나눠주어도 옥을 얻지 못함을 한하고 공에 봉하여도 제후 못됨을 불평한다.

– 채근담

◉ 입에 맛있는 음식은 모두가 창자를 짓무르게 하고 뼈를 썩게 하는 나쁜 약이다. 실컷 먹지 말고 5분쯤에 멈추면 재앙이 없느니라. 마음에 쾌한 일은 모두 몸을 망치고 덕을 잃게 하는 중매니라. 너무 탐닉하지 말고 5분쯤에 멈추면 뉘우침이 없느니라.

– 채근담

우정에 관한 명언격언

⊙ 자신의 친구를 대신하여 인내하며 고통 받기를 회피해서는 안 된다.

-에드워즈-

⊙ 가장 친한 친구라 할지라도 자신의 생각을 전부 말해버리면 평생토록 적이 될 수 있다.

-사르르 뒤클로-

⊙ 자기의 부모를 섬길 줄 모르는 사람과는 벗하지 말라. 왜냐하면 그는 인간의 첫걸음을 벗어났기 때문이다.

-소크라테스-

⊙ 가장 좋은 거울은 오래 사귄 친구이다.

-G.허버트-

⊙ 세상에는 세 가지 타입의 친구가 있다. 너를 사랑하는 친구, 너를 잊어버리는 친구, 너를 미워하는 친구가 그것이다.

-장 파울-

⊙ 친구 사이가 너무 친밀하여 그 사귐이 쇠보다 굳고 그 향기가 난초와 같이 짙다는 뜻이다. 일찍이 대홍정이란 사람이 진실한 친구를 얻을 때마다 그 이름을 장부에

기록하고 향을 피우고 조상에게 고하여, 금란부라고 이름 붙인 고사에서 연유되었다.

– 금란지교

⊙ 벗이 먼 곳으로부터 찾아오니 이 얼마나 즐거운가.

– 논어

⊙ 벗을 사귐에는 과하여 넘치지 말지니 넘치면 아첨하는 자가 생기리라.

– 채근담

⊙ 그 사람됨을 알고자 하면 그의 친구가 누구인가를 알아보라.

– 터키 속담

⊙ 벗이 애꾸눈이라면 나는 벗을 옆얼굴로 바라본다.

– 슈베르트

⊙ 우정을 위한 최대의 노력은 벗에게 그의 결점을 스스로 깨닫게 하는 일이다.

– 라 로쉐호크 "잠언집"

◉ 설사 친구가 꿀처럼 달더라도 그것을 전부 빨아먹지 말라.

– 탈무드

◉ 물이 너무 맑으면 물고기가 없고, 사람이 너무 살피면 친구가 없다.

– 명심보감

◉ 열매 맺지 않는 과일 나무는 심을 필요가 없고, 의리 없는 벗은 사귈 필요가 없다.

– 명심보감

◉ 이로운 친구는 직언을 꺼리지 않고 언행에 거짓이 없으며, 지식을 앞세우지 않는 벗이니라. 허식이 많고 속이 비었으며 외모치레만 하고 마음이 컴컴하며, 말이 많은 자이니라.

– 공자

◉ 친구는 제2의 재산이다.

– 아리스토텔레스

◉ 형제는 하늘이 내려주신 벗이다.

– 속담

자살에 관한 명언격언

⊙ 모두들 다 이유가 있다. 그러나 일체가 이유가 없어도 자기 고집 때문에 자살하는 것은 나쁜이다.

(도스토에프스키)

⊙ 유감없이 보낸 하루는 즐거운 잠을 가져온다. 잘 보낸 일생은 편안한 죽음을 가져온다.

(다빈치)

⊙ 자백을 하지 않으려면 자살밖에 없다. 그러나 자살은 자백인 것이다.

(D 웨브스타)

⊙ 자살이란 살인의 최악의 방식이다. 왜냐하면 그것은 후회할 기회가 하나도 없으므로.

(J C 크린스)

⊙ 자살이란 어떤 의미에서는 그리고 마치 멜로드라마 속에서와 같아 고백하는 것이다. 그것은 인생에 패배했다는 것을 혹은 인생을 이해하지 못한 것 을 고백하는 것이다.

(까뮈)

음주에 관한 명언격언

⦿ 술 받아주고 뺨 맞는다.

– 속담

⦿ 술은 백약의 장

– 속담

⦿ 처음에는 사람이 술을 마시고 나중에는 술이 사람을 마신다.

– 속담

⦿ 술 익자 체 장사 간다.

– 속담

⦿ 술은 우리에게 자유를 주고, 사랑은 자유를 빼앗아 버린다. 술은 우리를 왕자로 만들고, 사랑은 우리를 거지로 만든다.

– W.위철리 "시골 아내"

⦿ 주막에 가 본 적이 없는 자는 주막이 얼마나 낙원인지를 모른다. 오, 신성한 주막이여! 오, 기적적인 주막이여!

– 롱펠로우 "히페리온"

⦿ 술망나니는 바보의 혀와 악한의 심장을 가지고 있다.

– T.풀러 "잠언집"

⦿ 두 사람이 술잔을 마주하니 산꽃이 피네. 한 잔, 또 한 잔, 다시 또 한 잔.

– 이백 "산중대작"

⦿ 우리는 서로의 건강을 위해 축배하고 자신들의 건강을 해친다.

– J.K.제롬

⦿ 바다에 빠져 죽은 사람보다 술에 빠져 죽은 사람이 더 많다.

– T.풀러

⦿ 술은 기지를 날카롭게 하고 그 타고난 힘을 증진시켜 주며, 대화에 즐거운 향기를 풍기게 한다.

– J.펌프레트 "선택"

⦿ 술잔과 입술 사이에는 많은 실수가 있다.

– 팔다라스 "그리이스 시화집"

⦿ 동은 형체의 거울이고, 술은 마음의 거울이다.

– 에스킬루스 "단편집"

인생에 관한 명언격언

◉ 사는 것이 힘들다고 낙망하지 말라. 어깨에 짊어진 무거운 짐이, 스스로의 사명을 완수하도록 강요한다. 이 짐에서 벗어나는 길은 자기의 사명을 완수하는 길뿐이다. 당신에게 맡겨진 일에 책임을 다했을 때 무거운 짐에서 벗어날 수 있다.

-에머슨-

◉ 램프가 타고 있는 동안 인생을 즐겨라. 시들기 전에 장미를 꺾어라.

-우스테리-

◉ 인생을 자신의 뜻대로 살 수 있는 것이야말로 단 하나의 성공이다.

-몰리-

◉ 인생은 한 권의 책과 같다. 어리석은 사람은 대충 책장을 넘기지만, 현명한 사람은 공들여서 읽는다. 그들은 단 한 번 밖에 읽지 못하는 것을 알기 때문이다.

-장 파울-

◉ 사람은 떡으로만 살 수 없다.

-성서-

◉ 인생은 하나의 실험이다. 실험이 많아질수록 당신은 더 좋은 사람이 된다.

– 에머슨 "일기"

◉ 인생은 우주의 영광이요, 또한 우주의 모욕이다.

– 파스칼

◉ 인생은 반복된 생활이다. 좋은 일을 반복하면 좋은 인생을, 나쁜 일을 반복하면 불행한 인생을 보내는 것이다.

– W.NL.영안

◉ 인생의 최고 불행은 인간이면서 인간을 모르는 것이다.

– 파스칼

◉ 인생의 위대한 목표는 지식이 아니라 행동이다.

– 헉슬리

◉ 삶은 호흡하는 것이 아니라 행위를 하는 것이다.

– 루소

◉ 우리의 인생은 우리가 노력한 만큼 가치가 있다.

– 모리악

자아에 관한 명언격언

◉ 당신을 좋게 말하지 말라. 그러면 당신은 신뢰할 수 없는 사람이 될 것이다. 또 당신을 나쁘게 말하지 말라. 그러면 당신은 당신이 말한 그대로 취급받을 것이다.

-루소-

◉ 자신이 해야 할 일을 결정하는 사람은 세상에서 단 한 사람, 오직 나 자신뿐이다.

-오손 웰스-

◉ 그른 성격의 사람을 보고 분함을 참지 못하는 사람은 아주 좋은 사람이라고 할 수 없다. 왜냐하면 장사를 하는 데는 은전도 필요하고, 동전도 필요하듯이 세상에는 이런 사람도 있고 저런 사람도 있기 때문이다.

-라 브뤼에르-

◉ 인간은 사회적 동물이다.

-아리스토텔레스-

◉ 우리는 식인종의 야만성을 비난하며, 고상한 문명인 표정을 짓는다. 그러나 상대를 먹기 위하여 죽이는 사람과 상대를 죽이기 위해 싸우는 사람 중에 어느 쪽이 더 야만인인가?

-모파상-

◉ 인간이 추구해야 할 것은 돈이 아니다. 항상 인간이 추구해야 할 것은 인간이다.

-푸시킨-

◉ 남에게 의지하면 실망하는 수가 많다. 새는 자기의 날개로 날고 있다. 따라서 사람도 스스로 자기의 날개로 날아야 한다.

-르낭-

자유, 구속, 해방에 관한 명언격언

◉ 만약 제군이 노예의 목에다 쇠사슬을 감는다면, 그 쇠사슬의 한 끝은 제군의 목에 얽혀 붙을 것이다.

(에머슨)

◉ 아아, 자유여! 네 이름으로서 그 얼마나 많은 범죄가 저질러졌는가?

(아담 장느 로랑)

◉ 완전한 자유는 필연적으로 퇴폐를 뜻한다.

(허버트 리아드)

◉ 육체의 노예가 된 자가 어찌 자유를 찾겠는가.

(세네카)

◉ 자유는 새로운 종교이며 우리들 시대의 종교다.

(하이네)

◉ 자유란 모든 특권을 유효하게 발휘시키는 특권이다.

(칸트)

◉ 자유야말로 고도한 교양이 싹터 나가는 흙이다.

(피프테)

◉ 자유(自由), 인간은 태어났을 때는 자유다. 그러나 그 후 도처에서 쇠사슬로 묶여진다.

(루소)

◉ 자유정신은 경쟁을 싫어한다. 자유정신은 자기의 적의 편을 든다.

(봐레 리)

◉ 정치적 자유는 우리들의 마음이 자유가 아닐 때는 우리에게 자유를 주지 않는다.

(타골)

◉ 편안하게 자유를 누리며 살고 싶다고 생각하거든 없어도 상관없는 사치물을 자기 주변에서 제거하라.

(톨스토이)

정치에 관한 명언격언

◉ 인간은 본래 정치적 동물이다. 그러므로 국가 없이도 살 수 있는 자는 인간 이상의 존재이거나 아니면, 인간 이하의 존재이다.

– 아리스토텔레스 "정치학"

◉ 두 개의 얼굴을 가진 야누스신의 상이야말로 정치의 가장 심오한 현실을 표현한 것이다.

– M.듀버거

◉ 정치현상은 철두철미한 힘의 현상이며 압력의 현상인데, 압력은 언제나 집단현상이며, 집단현상은 집단사이의 압박과 반항을 의미한다.

– A.벤틀리

◉ 마상에서 천하를 취할 수는 있어도 다스릴 수는 없다.

– 육가

◉ 가장 적게 정치하는 정부가 가장 좋은 정부라는 진리는 18세기에 속하며, 그리고 가장 많이 공급해 주는 정부가 가장 좋은 정부라는 진리는 20세기에 속한다.

– 월터 리프만

◉ 우리들은 이 끊임없이 변화해 가는 정치무대에 있어서 정치가 대체 어디서, 언제, 어떻게 되어지는가를 알고 싶다.

– 지그문트 노이만

◉ 내 눈에 비친 정치인의 인상은 권력에 굶주린 인간의 모습이다.

– R.H.솔로우

◉ 정치의 폭력화는 실정의 고백이다.

– 메리엄 "정치권력"

◉ 정치가의 주요한 자격은 웃는 얼굴로 대중 앞에 임한다든가 목소리로 국민들을 납득시킨다든가 친밀감이 드는 표정이나 어조가 필요하다. 그러나 이러한 일은 그의 선전 담당자의 손에 의해서 만들어지는 것이다.

– E.H.카아

조상에 관한 명언격언

◉ 조상을 받드는 것은 정성과 공경을 으뜸으로 해야 하고 물질적 사치는 귀하게 여기지 말아야 하며, 조상이 전한 일은 그 뒤를 잘 이어 나가야 하고, 늘 게을러질까 근심해야 할 것이다.

– 이덕홍 "퇴도 언행록"

◉ 여러 자손들은 종갓집 아들을 공경하고 섬겨, 혹시라도 이에 태만해서는 안 된다. 만약 이에 태만 하는 사람이 있으면 곧 그 조상을 공경하는 데 태만한 것과 다름이 없는 것이다.

– 동언당법

◉ 내 한 몸은 곧 백천만대의 선조가 전한 것을 물려받은 것이다. 그렇다면 감히 내 몸이 곧 나만의 소유라고 말하겠는가?

– 장현광

◉ 우리나라의 신분 높은 선비는 큰 문벌이 있었다고 하더라도 고려 때 이전은 자세히 알 수가 없다. 예를 들어 이 씨의 본관도, 비록 호적은 다르지만 그것이 중국의 여러 성처럼 정말 다른지, 아니면 함께 한 근원에서 나온 것인지를 알겠는가?

– 남계예설

죽음에 관한 명언격언

◉ 이 세상에 죽음만큼 확실한 것은 없다. 그런데 사람들은 겨우살이 준비하면서도 죽음은 준비하지 않는다.

\- 톨스토이

◉ 죽을 때를 모르는 사람은 살 때도 모르는 사람이다.

\- 러스킨

◉ 나는 죽음을 겁내지 않는다. 다만 의무를 다하지 않고 사는 것을 겁낸다.

\- 하운드

◉ 우환에 살며 안락에 죽는다.

\- 맹자

◉ 창백한 죽음은 가난한 자의 오막살이도 왕후의 궁전도 두드린다.

\- 호라티우스 "송시집"

◉ 죽을 때에 죽지 않도록 죽기 전에 죽어두어라. 그렇지 않으면 정말 죽어버린다.

– 엥겔스 "실레지우스"

◉ 죽음이 다가오는 것을 그처럼 두려워한다는 것은 바로 생전의 사악한 생활의 증거이다.

– 셰익스피어 "헨리 6세"

◉ 죽음은 때로는 태산보다 무겁고 때로는 새털보다 가볍다.

– 사마천

◉ 인간에게 가장 고통스러운 죽음은 그가 미리 아는 죽음이다.

– 바킬리데스

◉ 바다가 마르면 밑바닥이 나타나나, 사람은 죽어도 마음을 알지 못한다.

– 두순학

◉ 고결하게 죽는 것이 목숨을 건지는 것보다 더 좋으련만.

– 에스킬루스

◉ 삶은 짧지만 죽음은 결국 인생을 영원하고 신성하게 만든다.

– A.A.프록터 "죽음까지의 일생"

◉ 잘 보낸 하루가 행복한 잠을 가져오듯이, 잘 쓰여진 인생은 행복한 죽음을 가져온다.

– 레오나르도 다빈치

◉ 죽음을 찾지 말라. 죽음이 당신을 찾을 것이다. 그러나 죽음을 완성으로 만드는 길을 찾으라.

– 함마슐트

◉ 아 벗이여, 드디어 이 세상에 안녕을 고하는구려. 내 마음은 상처투성이였고, 내 몸은 얼음처럼 식어가는구려.

– 상품

◉ 훌륭한 죽음은 전 생애의 명예가 된다.

– 페트라르카 "임종의 로라에게"

◉ 죽음이 어디서 너를 기다릴지는 불확실하다. 그러니 어디에서나 그것을 예상하라.

– 세네카 "루킬리우스에의 서한집"

◉ 죽음을 피하기보다 죄를 삼가는 것이 더 나을 것이다.

– 토마스 아 켐피스 "그리스도를 본받아"

지도자에 관한 명언격언

◉ 가장 훌륭한 정치적 공동사회는 중류층 시민으로 이루어진다.

– 아리스토텔레스 "정치학"

◉ 국민들로 하여금 그들이 통치한다고 생각하게 하라. 그러면 그들이 통치 받을 것이다.

– W.펜 "고독의 열매"

◉ 신의 백성이 있다면, 그들의 정부는 민주적일 것이다. 그렇게 완전한 정부는 인간의 것이 아니다.

– 루소 "사회계약론"

◉ 영국인이 대문자로 쓰는 유일한 글자는 나(I)이다. 이것은 그들의 민족성을 가장 뚜렷하게 이야기해 주는 것이라고 생각한다.

– A.루빈스타인

◉ 국가의 재산은 결국 국가를 구성하는 개인의 재산이다.

– J.S.밀 "자유론"

◉ 옛 성왕들은 나라를 다스림에 있어 하늘의 도에 순응하고 자연의 이치에 따랐으며, 백성 가운데 덕 있는 자를 적재적소의 관직에 배치하고 대의명분을 세워 직무를 수

행하게 하였다.

– 사마양저 "사마법"

◉ 나라를 다스리는 일이 한두 가지가 아니지만 민심을 얻는 일보다 더 큰 것이 없고, 나라를 다스리는 길이 많지만 민심을 따르는 것보다 더한 것이 없다.

– 동고집

◉ 백성을 다스리는 임금은 마치 활 쏘는 사람과 같아, 그 손에서 털끝만큼만 빗나가도 결과에 가서는 몇 길이나 어긋나게 마련이다.

– 회남자

직업에 관한 명언격언

◉ 사람은 일하기 위해서 창조되었다. 명상하고 느끼며 꿈꾸기 위해서만은 아니다.

- 칼라일

◉ 노동은 모든 것을 정복한다.

- 베르질리우스

◉ 자기 아이에게 육체적인 노동을 가르치지 않는 것은 그에게 약탈, 강도 같은 것을 가르치는 것과 마찬가지이다.

-탈무드-

◉ 일이 즐겁다면 인생은 극락이다. 괴로움이라면 그것은 지옥이다.

- 고리키

◉ 노동은 생활의 꽃이요, 삶의 보람이요, 마음의 기쁨이다.

- W.NL.영안

◉ 굴러가는 돌에는 이끼가 끼지 않는다.

- 헤이우드

◉ 백년을 살 것같이 일하고 내일 죽을 것같이 기도하라.

– B.프랭클린

◉ 육체적 노동은 정신적 고통을 해방시킨다. 그러므로 가난한 사람이 행복해진다.

– 라 로시푸코

◉ 수면은 노동하지 않아도 신이 우리들에게 주신 유일한 선물이다. 그러나 노동한다면 그것은 두 배나 달콤하게 된다.

– 웨벌

◉ 세상에서 제일 즐겁고 훌륭한 일은 한 생애를 통해 일관된 일을 가지는 일이다.

– 올리브 골드스미스

진실과 거짓에 관한 명언격언

◉ 거짓말을 하지 말라. 부정직하기 때문이다. 모든 진실을 다 이야기하지 말라. 불필요하기 때문이다. 그렇다, 때와 장소에 따라서는 유해한 거짓말이 진실보다 좋을 때가 있다.

– R.애스컴

◉ 거짓은 노예와 군주의 종교다. 진실은 자유로운 인간의 신이다.

– 고리키

◉ 하나의 거짓을 관철하기 위해서 우리는 또 다른 거짓말을 발견해야 한다.

– 스위프트

◉ 진실은 빛과 같이 눈을 어둡게 한다. 거짓은 반대로 아름다운 저녁노을처럼 모든 것을 멋지게 보이게 한다.

– 까뮈

◉ 정직을 잃은 자는 더 이상 잃을 것이 없다.

– J.릴리 "유퓨즈"

◉ 정직한 사람은 모욕을 주는 결과가 되더라도 진실을 말하며, 잘난 체하는 자는 모욕을 주기 위해서 진실을 말한다.

- W.헤즐리트

◉ 너의 정직은 종교나 정책에 기초해서는 안 된다. 너의 종교와 정책이 정직에 기초해야 한다.

- J.러스킨 "시간과 세월"

◉ 거짓은 거짓으로, 성심은 성심으로 보답된다. 상대방의 성심을 바라거든 이쪽에서도 성심을 표하라.

- 토마스 만

질투에 관한 명언격언

◉ 시기는 자신의 화살로 자신을 죽인다.

– 그리스 사화집

◉ 질투 속에는 사랑보다 이기심이 더 많다.

– 라 로시코프 "회상록"

◉ 세상 사람들은 나보다 나은 사람을 싫어하고, 나에게 아첨하는 자를 좋아한다.

– 소학

◉ 모든 격정 중에서 가장 추악하고 반사회적인 것, 그것은 시기다.

– J.S. 밀 "자유론"

◉ 시기는 증오보다 더욱 비타협적이다.

– 라 로시코프 "금언집"

◉ 공기처럼 가벼운 사소한 일도, 질투하는 이에게는 성서의 증거처럼 강력한 확증이다.

– 셰익스피어 "오셀로"

◉ 나는 내 실망은 견딜 수 있어도 남의 희망은 참을 수 없다.

– W.월시 "모든 고통"

◉ 시기심은 살아 있는 자에게서 자라다 죽을 때 멈춘다.

– 오비디우스 "연애시집"

◉ 시기심을 나타냄은 자기 자신에 대한 모욕이다.

– Y.예프첸코

청춘과 술에 관한 명언격언

◉ 청년은 희망의 그림자를 가지고, 노인은 회상의 그림자를 가진다.

-키에르케고르-

◉ 사람이 억제하기 어려운 순서는, 술과 여자와 노래이다.

-프랭클린-

◉ 하느님이 물을 만드셨고 인간은 술을 만들었다.

-V.위고-

평등에 관한 명언격언

◉ 만인은 천리 앞에 평등하다.

– 라틴 법언

◉ 전 인류는 단지 한 선조밖에 갖고 있지 않다. 그러므로 어느 인간이 어느 인간보다 뛰어 났다고 할 수는 없다.

– 탈무드

◉ 큰 도가 행해지면 사람은 자기 부모만을 부모로 생각하지 않고, 자기 자식만을 자식으로 생각하지 않는다.

– 공자 "예기"

◉ 불교는 절대 평등이 절대 공기이다.

– 만암

친구에 관한 명언격언

◉ 가는 자를 쫓지 않고, 오는 자를 거부하지 않는다.

(맹자)

◉ 과거에 한 번도 적을 만들어 본 일이 없는 인간은 결코 친구를 가질 수 없다.

(테니슨)

◉ 나를 가장 잘 아는 자를 친구로 하고, 나를 가장 잘 모르는 자를 적으로 삼 는다면 그보다 더 좋은 일은 없다.

(보나르)

◉ 내가 없는 곳에서 나를 칭찬해 주는 사람은 좋은 친구다.

(이 언)

◉ 많은 친구를 가지고 있는 사람은 한 사람의 친구도 없다.

(W 글라임)

◉ 모든 사람에 대해서 친구인 사람은 누구에 대해서도 친구가 아닌 것이다.

(이 언)

◉ 우정은 평등한 사람간의 사리 없는 상거래다. 사랑은 폭군과 노예간의 비열한 교섭이다.

(골드스미드)

◉ 진정한 행복을 만드는 것은 수많은 친구가 아니며, 훌륭히 선택된 친구들이다.

(벤 존슨)

◉ 친구를 선택하려면 지도자를 찾지 말고 친구를 찾아라.

(노신)

◉ 한사람 또는 소수자의 노예가 되지 말라. 만인의 노예가 되라. 그때 너는 만인의 친구가 될 수 있는 것이다.

(키케로)

도둑에 관한 명언격언

❖ 유한한 목숨으로써 어찌 무한한 욕심을 따르려 하는가.

– 장자

❖ 돈을 버는 데 그릇된 방법을 썼다면 그 만큼 그 마음 속에는 상처가 나있을 것이다.

– 빌리 그레엄

❖ 참다운 욕구 없이 참다운 민족은 없다.

– 볼테르

❖ 세살 때 버릇이 여든까지 간다.

– 속담

❖ 습관이란 인간으로 하여금 어떤 일이든지 하게 만든다.

– 도스토예프스키

❖ 구제할 것은 없어도 도둑 줄 것은 있다.

– 속담

❖ 도둑놈은 한 죄, 잃은 놈은 열 죄.

– 속담

❖ 도둑맞으면 어미 품도 뒤져본다.

– 속담

행복과 불행에 관한 명언격언

❖ 사람에게는 세 가지 불행이 있다. 어린 시절에 높은 벼슬에 오름이 하나요, 부모의 세를 업고 고관이 됨이 둘이며, 뛰어난 재주가 있어 문장에 능함이 셋째 불행이다.

– 소학

❖ 사람이란 자기가 생각하는 만큼 결코 행복하지도 불행하지도 않다.

– 라 로시코프

❖ 우리들은 모두 남의 불행에 견딜 수 있을 만큼 충분히 행복하다.

– 라로슈 푸코

❖ 언제까지고 계속되는 불행은 없다. 가만히 견디고 참든지 용기를 내쫓아 버리든지 이 둘 중의 한 가지 방법을 택해야 한다.

– 로망 롤랑

❖ 행복의 원칙은 첫째 어떤 일을 할 것, 둘째 어떤 사람을 사랑할 것, 셋째 어떤 일에 희망을 가질 것이다.

–칸트

❖ 기도는 하늘의 축복을 받고 노동은 땅에서 축복을 파낸다. 기도는 하늘에 차고, 노동은 땅에 차니, 이 둘이 당신의 집에 행복을 실어다 준다.

– 몽테뉴

❖ 행복을 즐겨야 할 시간은 지금이다. 행복을 즐겨야 할 장소는 여기다.

– 로버트 인젠솔

❖ 모두가 행복해질 때까지는 아무도 완전히 행복해질 수는 없다.

– H.스펜서

❖ 매일 아침, 매일 밤 태어나 비참하게 되는 자 있고, 매일 아침, 매일 밤 태어나 즐거워지는 이 있다.

– W.블레이크 –

❖ 행복하게 지내는 사람은 대개 노력가이다. 게으름뱅이가 행복하게 지내는 것을 보았는가. 수확의 기쁨은 흘린 땀에 정비례한다.

– 윌리엄 블레이크 (영국시인)

❖ 인생에 있어서 최고의 행복은 우리가 사랑받고 있다는 확신이다.

– 빅토르 위고 (레미제라블)

❖ 그 어떤 강제의 의해서 우리들은 결코 행복하게 될 수는 없다.

– 콜르리지

❖ 행복은 무엇보다 건강 속에 있다.

– G W 커티스

❖ 행복이란 우리 집 화롯가에서 성장한다. 그것은 남의 집 뜰에서 따와서는 안 된다.

– 제롤드

❖ 행복함에는 두 갈래의 길이 있다. 욕망을 적게 하거나 재산을 많게 하거나 하면 된다.

– 프랭클린

❖ 행복을 사치한 생활 속에서 구하는 것은 마치 태양을 그림에 그려놓고 빛이 비치기를 기다리는 것이나 다름없다.

– 나폴레옹

❖ 행복을 잃기는 무척 쉽다. 왜냐하면 행복이란 언제나 분에 넘치는 것이기 때문이다.

– 알베르 카뮈

❖ 행복하게 산다는 것은 마음의 평온함을 뜻한다.

– 시세로

❖ 행복하려는 것은 권리지만 인간으로서 할 수 있는 한 알고 싶은 것을 배우고, 자신에게 최고의 기쁨을 가져다 줄 재능과 능력을 연마해야 함이 분명히 요구된다.

– 러셀

❖ 인간의 행복의 원리는 간단하다. 불만에 자기가 속지 않으면 된다. 어떤 불만으로 해서 자기를 학대하지 않으면 인생은 즐거운 것이다.

– 러셀

❖ 행복한 결혼에는 애정 위에 언젠가는 아름다운 우정이 접목되게 마련이다. 이 우정은 마음과 육체가 서로 결부되어 있기 때문에 한층 견고한 것이다.

– 앙드레 모루아 (프랑스 작가)

❖ 돈으로 살 수 있는 행복이라 불리는 상품은 없다.

– 헨리 벤 다이크

❖ 마음이 어진 사람은 조그마한 집에 살아도 행복하다.

– 홍자선

❖ 오래가는 행복은 정직한 것 속에서만 발견할 수 있다.

– 리히텐베르히

❖ 의지가 굳은 사람은 행복할지니, 너희는 고통을 겪겠지만 그 고통은 오래가지 않을 것이다.

– 테니슨

❖ 진정한 행복을 만드는 것은 수많은 친구가 아니며, 훌륭히 선택된 친구들이다.

– 벤 존슨

❖ 인간의 행복은 거의 건강에 의하여 좌우되는 것이 보통이며 건강하기만 하다면 모든 일은 즐거움과 기쁨의 원천이 된다. 반대로 건강하지 못하면 이러한 외면적 행복도 즐거움이 되지 않을 뿐 아니라 뛰어난 지(知), 정(情),

의(義)조차도 현저하게 감소된다.

– 아르투어 쇼펜하워 (독일 철학자)

❖ 불행은 진정한 친구가 아닌 자를 가려준다.

– 아리스토텔레스

❖ 불행이란 거의 언제나 인생에 대한 그릇된 해석의 표적이다.

– 몬테르랑

❖ 자기가 소유하고 있는 것을 가장 풍부한 재산으로 여기지 않는 자는 누구나, 비록 이 세상의 주인이라도 불행하다.

– 에피쿠로스 (그리스 철학자)

❖ 원하는 것을 소유할 수 있다면 그것은 커다란 행복이다. 그러나 그보다 더 큰 행복은 우리가 갖고 있지 않은 것을 원하지 않는다는 것이다.

– 메네데모스

화합에 관한 명언격언

❖ 하늘의 시는 땅의 이와 같지 않고, 땅의 이는 사람의 화와 같지 않다.

– 맹자

❖ 천지의 기운은 따뜻하면 낳아서 기르고 차면 시들어 죽게 한다. 그러므로 성질이 차가운 사람은 받아서 누리는 것도 또한 박할 것이니 오직 화기 있고 마음이 따뜻한 사람이라야 그 복이 두터우며 그 은택이 또한 오래가는 것이다.

– 채근담

❖ 마음이 맞으면 부처도 부러워한다.

– 속담

❖ 마음이 맞으면 삶은 도토리 한 알을 가지고도 허기를 면할 수 있다.

– 속담

❖ 백지장도 맞들면 낫다.

– 속담

❖ 집안이 화합하려면 베개 밑 송사는 듣지 않아야 한다.

– 속담

❖ 벌들은 합동하지 않고는 아무것도 얻지 못한다. 사람도 마찬가지다.

– 허버트

❖ 합한 두 사람은 흩어진 열 사람보다 낫다.

– W.NL.영안

❖ 개미 천 마리가 모이면 맷돌도 든다.

– 속담

효도에 관한 명언격언

❖ 설사 간하여 좇지 않으시더라도 공경해야 한다. 속으로는 애태울지언정 부모를 원망해서는 안 된다.

– 논어

❖ 부모의 나이는 반드시 기억하고 있어야 한다. 한편으로는 오래 사신 것을 기뻐하고 또 한편으로는 나이 많은 것을 걱정해야 한다.

– 논어

❖ 어버이를 공경함은 으뜸가는 자연의 법칙이다.

– 발레리우스

❖ 내가 성공을 했다면 오직 천사와 같은 어머니의 덕이다.

– A.링컨

❖ 부모를 공경하는 효행은 쉬우나, 부모를 사랑하는 효행은 어렵다.

– 장자

❖ 천하의 모든 물건 중에는 내 몸보다 더 소중한 것이 없다. 그런데 이 몸은 부모가 주신 것이다.

– 이 이

셰익스피어 작품 중에서의 명언

따스한 한 마디의 한국 속담

3

세익스피어 작품 중에서의 명언

The worst is not, So long as we can say
"This is the worst"
"지금이 최악의 상태이다"라고 말할 수 있을 때는 우리가 최악의 상태에 놓여 있는 것이 아니다.

〈리어 왕, 4막 1장, 27〉

This not the many oaths that makes truth,
But the plain single vow that os vowed true.
진실은 숱하게 늘어놓는 맹세가 아니라 진실하고도 소박한 한 가지 맹세일 뿐이다.

〈끝이 좋으면 모두 좋다, 4막 2장, 21〉

Truth hath a quiet breast.
진리는 조용한 목소리를 갖고 있다.

〈리처드 2세, 1막 3장, 96〉

Their eyes do offices of truth.
눈은 진실을 말한다.

〈폭풍, 5막 1장, 156〉

For truth hath better deeds than words to grace it.
진실은 행동으로 말할 뿐, 그것을 꾸미는 말이 없다.
〈베로나의 두 신사, 2막 2장 18〉

As there comes light from heaven and words from breath, As there is sense in truth and truth in virtue.
하늘에서 빛이 오고 호흡에서 말이 오듯, 진리 속에 뜻이 있고 미덕 속에 진실 있다.
〈자에는 자로, 5막 1장 226〉

My words fly up, my thoughts remain below: Words without thoughts never to heaven go.
나의 기도는 하늘로 날아오르지만, 나의 마음은 지상에 그대로 남아 있구나. 마음이 따르지 않는 빈말은 하늘에 닿지 못하는구나.
〈햄릿, 3막 3장, 97〉

How long a time lies in one little word.
단 한 마디 말 속에 얼마나 긴 세월이 담겨 있는가.
〈리처드 2세, 1막 3장, 212〉

Talkers are no good doers.
말 많은 사람은 훌륭한 실천가가 되지 못한다.
〈리처드 3세, 1막 3장 350〉

Praises sauced with lie.
칭찬은 거짓말에 소스를 친 것이다.
〈코리올레이너스, 1막 9장, 53〉

I will praise any man that will praise me.
나를 칭찬하는 사람을 나는 누구나 칭찬한다.
〈안토니와 클레오파트라, 2막 6장, 88〉

It is not enough to speak, but to speak true.
말을 한다는 것으로는 충분하지 않다. 올바르게 말한다는 것이 중요하다.
〈한여름 밤의 꿈, 5막 1장, 121〉

Thy blood and virtue contend for empire in thee; and thy goodness, Share with thy birthright! Love all, trust a few, Do wrong to none; be able for thine enemy. Rather in power than use, and keep thy friend. Under thy own life's key. Be checked for silence, But never taxed for speech.

가문과 미덕이 경쟁하듯 너 자신을 지배하도록 하고, 고귀한 성품과 타고난 권리가 함께 힘을 합치도록 노력하라! 모든 사람을 사랑하되, 극소수만을 믿으라. 남에게 해를 입혀서는 안 된다. 적에 대해서는 권력을 휘두르지 말고 위압해서 사로잡되, 친구에 대해서는 목숨의 열쇠를 걸어 소중히 모셔라. 말수가 적다고 비난받는 것은 좋으나, 말이 많다고 해서 비난받으면 안 된다.

〈끝이 좋으면 모두 좋다, 1막 1장, 68〉

Give thy thoughts no tongue, Nor any unproportional thought has act. Be thou familiar, but by no means vulgar; The friends thou hast, and their adoption tried, Grapple them to thy soul with hoops of steel; But do not dull thy palm with entertainment of each new hatch' d, unfledged comrade. Beware of entrance to a quarrel, bur, being in, Bear' t that th' opposed may beware of thee. Give every man thine ear, but reserve thy voice; Take each man's cynosure, but reserve thy judgment. Costly thy habit as thy purse can buy, Bur not express' d in fancy; rich, not gaudy; For the apparel oft proclaims the man, And they in France of the best rank and station are most select and generous, chief in that. Neither a borrower, nor a lender be; For loan oft loses both itself and friend, And borrowing dulls the edge of husbandry. This above all: to thine own self be true, And it must follow, as the night the day, Thou canst not then be false to ant man.

함부로 입을 놀리지 말 것. 엉뚱한 생각은 실천에 옮기지 말 것. 사람들과 절친하게 사귀는 건 좋지만, 너무 허술히 접근하지 말 것. 사귄 친구들이 진실하다는 것이 확인되면 절대로 놓치지 말라. 젖비린내 나는 햇병아리들과 마냥 악수를 나누다간 손바닥만 둔해져. 싸움판에 끼어들지 말 것. 그러나 일단 끼어들면 철저히 해치워라. 그들이 너를 조심하도록 말이다.

남의 말에 귀를 기울이되, 말을 삼가라. 남의 의견을 잘 듣고, 너의 판단엔 신중을 기할 것. 주머니 사정이 허락하는 한 옷맵시는 뽐내되, 눈에 띄면 못써. 품위가 있어야 해. 저속은 금물이야. 의복은 인격의 표시니깐. 프랑스의 고관대작들과 세련된 상류사회 양반들은 이 점에 있어서 아주 우수하단 말이야. 돈은 빌리지도 말고, 빌려주지도 말 것. 돈을 빌려주면 돈도 잃고 친구도 잃어. 게다가 돈을 빌리면 절제심이 약해지지. 무엇보다도 중요한 일은 자기 자신에게 충실하는 것. 그렇게 하면 밤이 지나 낮이 오듯이, 타인에게도 충실해지게 마련이야.

〈햄릿, 1막 3장, 59〉

Give the devil his due.

아무리 보잘것없는 사람도 공평하게 대하라.

〈헨리 5세, 3막 7장, 115〉

Have more than thou slowest,
Speak less than thou knowers,
Lend less than thou west.

보여준 것보다는 더 많이 갖고 있어야 한다. 아는 것보다는 덜 말해야 한다. 지니고 있는 것보다는 덜 빌려주어야 한다.

〈리어 왕, 1막 4장, 21〉

What's done cannot be undone.
흘린 물은 담을 수 없다.

〈맥베스, 5막 1장 71〉

Make no delay,
For, lords, tomorrow is a busy day.

미루지 말라, 내일은 더 바쁜 날이다.

〈리처드 3세, 5막 3장, 17〉

I count myself in nothing else so happy

As in a soul remembering my good friends.
좋아하는 친구들을 생각하는 것만큼 그토록 행복한 일은 없다.

〈리처드 2세, 2막 3장, 46〉

따스한 한마디의 한국 속담

◉ 수박 겉핥기.

수박의 껍질을 핥으면 무슨 맛이 있겠는가?

그와 같이 일의 내용도 모르고 겉으로만 건성 그 일을 하는 척하며 넘긴다는 뜻.

◉ 쇠귀에 경 읽기.

아무리 가르치고 알려 주어도 알아듣지 못함을 조롱하여 가리키는 말.

◉ 개도 주인을 알아본다.

개도 주인이 베푼 은혜를 아는데 사람으로서 은혜를 모른다면 안 된다는 뜻.

◉ 웃는 낯에 침 뱉으랴.

간절히 빌고 용서를 구하는 사람에게는 욕할 수 없다는 뜻.

◉ 원숭이도 나무에서 떨어진다.

아무리 능숙하고 잘 하는 일도 하다보면 실수할 날이 있다는 뜻. 아무리 숙달된 사람일지라도 실수할 때가 있다는 말.

◉ 잘되면 제 탓 못되면 조상 탓.

일이 잘되면 제가 잘해서 그렇게 된 것이라고 하고 잘못되면 조상의 탓이라고 한다는 말로 결과가 좋으면 자신이 잘해서 된 것으로 생각하고 나쁘면 남을 원망한다는 뜻.

◉ 발 없는 말이 천 리 간다.

말은 쉽게 퍼지니 언제나 말을 조심하라는 뜻

◉ 백번 듣는 것 보다 한번 보는 것이 낫다.

무엇이고 여러 번 듣기만 하는 것보다도 실제로 한번 보는 것이 더 확실하다는 뜻.

◉ 가랑비에 옷 젖는 줄 모른다.

작게 내리는 가랑비에 옷이 젖는 줄 모르게 젖는다는 것이니, 조금씩 재산이 없어지는 줄 모르게 줄어드는 것을 말한 뜻.

◉ 바늘 간 데 실 간다.

바늘과 실이 서로 따라 다니는 것과 같이 항상 친한 사람끼리 서로 붙어 다니게 된다는 뜻.

◉ 바늘구멍으로 하늘 보기.

바늘구멍으로 하늘을 보면 얼마나 넓게 보일 것이며 많이 보일까. 소견이 좁은 사람을 두고 하는 말.

◉ 강물도 쓰면 준다.

강물은 한없이 많은 것 같지만, 그것도 자꾸 쓰면 줄듯이 아무리 많아도 아껴 써야 한다는 뜻.

◉ 간에 가 붙고 쓸개에 가 붙는다.

자기 이해만 계산해서 체면과 인격은 생각하지 않고, 자기에게 이로운 데로 붙어 아첨하는 사람을 두고 이르는 말.

◉ 간이 콩알 만 하다.

몹시 두려워지거나 무서워지다.

◉ 사촌이 논을 사면 배가 아프다.

일가친척이나 이웃이 다소 잘 되는 것을 보면 괜히 시기하는 사람을 두고 하는 말.

◉ 발등에 불 떨어진다.

갑자기 어떻게 피할 수 없는 재앙이 닥쳐왔다는 뜻.

◉ 가는 방망이 오는 홍두깨

세상 일이 내가 남에게 조금이라도 잘 못하면, 나에게는 더 큰 해가 돌아온다는 뜻.

◉ 사람 위에 사람 없고 사람 아래 사람 없다.

모든 사람은 평등하다는 뜻.

◉ 빈 수레가 요란하다.

사람도 지식이 부족하고 교양이 없는 사람일수록 더 아는 체 한다는 뜻.

◉ 가재는 게 편이다.

가재도 게와 모양이 비슷하기 때문에 게 편을 든다는 말이니, 서로 비슷한 것끼리 한편이 된다는 뜻.

◉ 뿌리 깊은 나무 가뭄 안탄다.

뿌리가 당에 깊이 박힌 나무는 가물어도 말라죽지 않는다는 말이니, 근본이 깊으면 웬만한 힘에는 끄덕하지 않는다는 뜻. 기초가 튼튼하면 오래 견딘다는 말.

◉ 같은 값이면 다홍치마.

값이나 조건 등이 같을 바에는 이왕이면 좋고 마음에 드는 쪽을 택한다는 말.

◉ 가난한 집 제사 돌아오듯 한다.

제사도 지낼 형편이 안 되는 가난한 집에, 제사가 자주 돌아오면 얼마나 걱정이 되겠는가? 힘들고 괴로운 일이 계속 닥치어 오는 것을 말.

◉ 간에 기별도 안 간다.

음식을 너무 조금 먹어서 양에 차지 않는다는 뜻.

◉ 사공이 많으면 배가 산으로 간다.

일에 간섭하는 사람이 많으면, 뜻밖에 실패할 수가 많다는 뜻

◉ 무소식이 희소식

그럭저럭 별 탈 없이 지내고 있으면 연락이 없지만 무슨

큰일이 발생하게 되면 연락하므로 소식이 없는 것이 곧 희소식이란 뜻

◉ 낫 놓고 기역자도 모른다.

무식한 사람을 두고 이르는 말.

◉ 방에 가면 더 먹을까, 부엌에 가면 더 먹을 까 ?

자기의 이익만을 바라고 찾아다니는 사람을 두고 이르는 말

◉ 자다가 남의 다리 긁는다.

잠결에 남의 다리를 긁는다는 뜻으로 다른 데 정신 팔고 있다가 엉뚱한 행동이나 말을 할 때 쓰는 말

◉ 가까운 이웃 먼 친척보다 낫다.

이웃끼리 서로 친하게 지내면 먼 곳에 있는 일가보다도 더 친하다는 뜻.

◉ 부부싸움은 칼로 물 베기.

부부싸움은 지나고 보면 표시도 없다는 말.

◉ 바늘 가는 데 실 간다.

부부는 일심동체이니 언제나 함께 다닌다는 뜻.

◉ 씨 도둑질은 못한다.

아이는 부모를 닮게 마련이라는 말.

◉ 조강지처 버리는 놈 치고 잘 되는 법 없다.

자기아내를 아낄 줄 알아야 다른 일도 잘한다는 말.

◉ 가지 많은 나무, 바람 잘 날이 없다.

가지가 많은 나무는 늘 바람에 흔들리듯, 자손이 많은 부모는 늘 근심이 떠나지 않는다는 뜻. 근심 걱정이 그칠 날이 없는 상황을 두고 하는 말.

◉ 가랑비에 옷 젖는 줄 모른다.

적은 양의 비가 내릴 때 우산을 안 받쳐 들고 지나는 경우가 많다. 이럴 때 비가 내리는 둥 마는 둥 하지만 어느새 옷이 젖어 무게감을 느끼고 체온도 급격히 식게 되는 것을 한 순간에 느낄 수 있다. 날씨에 관련된 용어이지만 서서히 작용을 나타내는 것이 한순간에 큰 변화로 느껴지는 것을 두고 하는 일상적인 말로 쓰이기도 함. 긍정적인 이미지보다는 부정적인 이미지가 많은 뜻.

◉ 거미줄에 이슬이 맺히면 날씨가 갠다.

고기압일 때는 거미줄에 맺힌 이슬도 가벼워 작게 맺히게 되지만 저기압일 때는 서로 뭉쳐 이슬이 커져서 자연히 떨어지게 된다. 즉 거미줄에 이슬이 맺히면 고기압이라 날씨가 맑다는 뜻이다.

◉ 꽃샘추위에 설늙은이 얼어 죽는다.

이른 봄꽃이 필 즈음의 추위가 예상외로 추울 때가 많다는 뜻.]

◉ 대한이 소한 집에 왔다가 얼어 죽었다.

소한부터 본격적인 추위가 시작된다는 뜻입니다. 겨울철 가장 추운 기간이 소한부터 대한사이의 기간이라는 의미로, 소한 때는 강추위의 시작이 있기에 더 춥게 느껴진다는 것으로 이해할 수 있습니다. 대한 때 역시 소한만큼 춥지만 강추위가 지속되는 상황이기에 상대적으로 소한만큼은 춥게 느껴지지 않기에 나온 속담으로 여겨집니다.

◉ 봄추위가 장독 깬다.

따뜻한 봄철에도 간혹 북서쪽의 찬 기류가 닥칠 때에는 독이 깨질 정도의 혹독한 추위가 오기도 한다.

◉ 통째 먹는 놈은 맛도 모른다.

거칠게 또는 대충하는 사람은 그 일의 참뜻이나 내용을 모른다는 뜻. 흔히 사람들은 음식이 입에 들어가면 씹어 잘게 부순다. 이것은 일정한 형체를 지닌 음식물을 분쇄해 소화효소가 작용할 수 있는 표면적을 넓히고 삼키기 쉬운 형태로 만들기 위한 조언이다

◉ 복(伏)날 개 패듯

이 속담은 복날 전통적으로 개를 요리하기 위해 몽둥이로 때려잡는 풍습 때문에 생긴 것이다.

◉ 섣달 그믐날 흰떡 맞듯

이것 역시 42번과 같은 맥락이다. 삼복은 일 년 중 가장 더운 시기다. 이때 개를 때려잡는 풍습은 그래야 육질이 연하고 맛있다는 속설 때문, 육질과 찜질은 과학적으로도 관계가 있어 보인다.

'맑은 물에는 고기가 없다' 는 속담도 있다. 물도 지나치

게 맑으면 고기가 모이지 않듯이 사람도 너무 청렴하게 굴면 재물이 따르지 않는다는 말이다. 뇌물이나 촌지를 꼿꼿이 거절하는 사람들을 유혹하거나 비꼬는 의미로 써왔던 이 말은 그러나 과학적으로 맞지 않는다.

바닥에 깔려있는 자갈이 훤히 보일 정도로 맑은 물은 얼핏 보면 물고기가 살지 않는 것 같지만 수많은 민물고기들이 마을을 이루고 살고 있기 때문이다.

◉ 동냥도 아니 주고 자루 찢는다.

(=동냥은 안주고 쪽박만 깬다) 요구는 안 들어 주고 도리어 방해만 놓는다는 뜻

◉ 집에서 새는 쪽박들에서도 샌다.

본성(本性)이 나쁜 것은 어디를 가나 그 본색을 감출 수 없다는 말.

◉ 떡 다 건지는 며느리 없다

시어머니 모르게 며느리가 딴 주머니를 차는 경우를 비유적으로 이르는 말로, 사람은 누구나 남의 눈을 속여 자기의 실속을 차리는 성향이 있다는 말.

◉ 떡도 떡같이 못 해 먹고 생떡국으로 망한다.

무슨 일을 다 해 보지도 못한 채 실패를 당하게 됨을 비유적으로 이르는 말.

◉ 떡도 떡같이 못 해 먹고 찹쌀 한 섬만 다 없어졌다

애써 한 일에 알맞은 효과나 이익도 보지 못하고 많은 비용만 허비하였다는 말.

◉ 떡도 떡 같지 않은 옥수수떡이 배 속을 괴롭힌다.

하찮은 것이 말썽을 부린다는 말.

◉ 떡도 떡이려니와 합(盒)이 더 좋다

내용도 물론 좋지만 형식이 더 잘되어 있다는 말.

◉ 떡 도르라면 덜 도르고 말 도르라면 더 도른다.

사람들이 말을 남에게 전하여 소문이 돌게 하기를 좋아한다는 말.

◉ 떡도 먹어 본 사람이 먹는다.

무슨 음식이나 늘 먹어 본 사람이 더 잘 먹는다는 말.

◉ 떡 떼어 먹듯

분명히 딱 잘라 한다는 말.

◉ 떡 먹은 입 쓸어 치듯

떡을 먹고도 안 먹은 듯 입을 쓸어 내며 시치미를 뚝 뗀다는 말.

◉ 떡 본 김에 제사 지낸다

우연히 운 좋은 기회에, 하려던 일을 해치운다는 말. 떡 본 김에 굿한다.

◉ 떡 본 도깨비

떡 보고 좋아서 날뛰는 도깨비처럼 몹시 덤비면서 염치없이 달려드는 사람을 이르는 말.

◉ 떡 사 먹을 양반은 눈꼴부터 다르다

참으로 그 일을 하려는 사람은 겉으로 보아도 알 수 있다는 말.

◉ 떡 삶은 물에 중의(中衣) 데치기

1) 한 가지 일을 하면서 또 다른 일을 겸하여 해치움을 이르는 말.

2) 버린 물건을 이용하여 소득을 봄을 이르는 말. 떡 삶은 물에 풀한다.

◉ 떡에 밥주걱

떡시루 앞에 밥주걱을 들고 덤비는 것처럼, 무슨 일을 도무지 모르는 사람을 두고 이르는 말.

◉ 떡에 웃기

떡을 괴거나 담은 위에 모양을 내느라 얹은 웃기처럼 겉보기에는 화려하나 실제로는 부차적 존재에 불과한 것을 비유적으로 이르는 말.

◉ 떡으로 치면 떡으로 치고 돌로 치면 돌로 친다.

착한 일에는 착한 일로, 악한 일에는 악한 일로 대한다는 말. 욕은 욕으로 갚고 은혜는 은혜로 갚는다.

◉ 떡은 치고 국수는 만다.

모든 일은 이치와 경우에 맞게 해야 함을 비유적으로 이르는 말.

◉ 떡을 달라는데 돌을 준다.

1) 인심이 각박함을 비유적으로 이르는 말.

2) 원하는 것과 전혀 다른 것으로 대함을 이르는 말.

◉ 떡이 별 떡 있지 사람은 별사람 없다

떡의 종류는 많으나, 사람은 크게 차이가 없다는 말.

◉ 떡 잘 안되면 안반 탓한다.

떡 할 줄 모르는 아주머니 함지[안반]타령만 한다.

◉ 떡 주고 뺨 맞는다

남을 위하여 좋은 일을 해 주고 도리어 욕을 보거나 화를 입게 되는 경우를 비유적으로 이르는 말.

◉ 떡 줄 사람은 꿈도 안 꾸는데 김칫국부터 마신다.

해 줄 사람은 생각지도 않는데 미리부터 다 된 일로 알고 행동한다는 말. 앞집 떡 치는 소리 듣고 김칫국부터 마신다.

◉ 떡 쥐고 쓰레기통으로 들어간다.

행운을 눈앞에 두고도 그것을 향유할 수 없는 처량한 처지를 비유적으로 이르는 말.

◉ 떡 친 데 엎드러졌다

어떻게 하면 떡을 먹을 수 있을까를 고민하다가 일부러 떡판에 엎어지듯 한다는 뜻으로, 무엇에 골몰하여 그 생각에서 떠날 줄을 모른다는 말. 떡판에 엎드러지듯.

◉ 떡 할 줄 모르는 아주머니 함지[안반] 타령만 한다.

일이 잘못된 것을 변명함을 비유적으로 이르는 말. 떡 잘 안되면 안반 탓한다.

◉ 떡 해 먹을 세상

떡을 하여 고사를 지내야 할 세상이라는 뜻으로, 뒤숭숭하고 궂은일만 있는 세상이라는 말.

◉ 떡 해 먹을 집안

떡을 하여 고사를 지내야 할 집안이라는 뜻으로, 화합하지 못하고 어려운 일만 계속해서 일어나는 집안을 이르는 말.

◉ 밥 군것이 떡 군것보다 못하다

'밥 군'과 '바꾼'의 음이 비슷한 데서 물건을 바꾼 것이 좋지 않음을 비유적으로 이르는 말.

◉ 밥 먹을 때는 개도 안 때린다.

비록 하찮은 짐승일지라도 밥을 먹을 때에는 때리지 않는다는 뜻으로, 음식을 먹고 있을 때에는 아무리 잘못한 것이 있더라도 때리거나 꾸짖지 말아야 한다는 말. 먹는 개도 아니 때린다. 먹는 때는 개도 때리지 않는다.

◉ 밥보다 고추장이 더 많다

밥보다 밥에 곁들여 먹는 고추장이 더 많다는 뜻으로, 기본이 되는 것보다 부차적인 것이 더 많음을 비유적으로 이르는 말.

◉ 밥 빌어다가 죽을 쑤어 먹을 놈[자식]

밥이 없어서 남한테 겨우 빌어다가는 그대로도 못 먹고 죽을 쑤어 먹을 사람이라는 뜻으로, 게으른데다가 지견마저 없는 어리석은 사람을 비유적으로 이르는 말.

◉ 밥 선 것은 사람 살려도 의원 선 것은 사람 죽인다

밥이 선 것을 먹어도 사람의 목숨에는 관계가 없지만 사람의 병을 고치는 의사가 서투르면 사람의 목숨을 앗아갈 수 있다는 뜻으로, 의술이 서투른 의원을 경계하는 말.

◉ 밥 아니 먹어도 배부르다

기쁜 일이 생겨서 마음이 매우 흡족하다는 말.

◉ 밥 우에 떡 안 준다고 그러느냐

잘해 주어도 만족할 줄 모르고 불평불만을 늘어놓거나 한없이 욕심을 부림을 비유적으로 이르는 말.

◉ 밥 위에 떡

좋은 일에 더욱 좋은 일이 겹침을 비유적으로 이르는 말.

◉ 밥은 굶어도 속이 편해야 산다.

비록 밥은 못 먹어 굶는 한이 있더라도 속 썩이는 일은 없어야 편안히 살 수 있다는 뜻으로, 사람 사는 데에 있어 마음 편안한 것이 제일임을 비유적으로 이르는 말.

◉ 밥은 열 곳에 가 먹어도 잠은 한 곳에서 자랬다

1) 아무리 여러 곳을 다니며 밥을 먹는 한이 있어도 잠자리만은 바로 가져야 한다는 뜻으로, 사람은 거처가 일정해야 함을 비유적으로 이르는 말.

2) 사람은 언제나 도덕 품성을 가져야 한다는 말.

◉ 밥은 주는 대로 먹고 일은 시키는 대로 하라

무슨 일이나 불평을 부리지 말고 시키는 대로 순종하라는 말.

◉ 밥을 강원도 금강산 바라보듯 한다.

옛날에 살림이 몹시 가난하여 남이 먹는 것을 멍청히 바라보기만 했다는 뜻으로, 자주 굶게 됨을 비유적으로 이르는 말.

◉ 밥을 굶어도 조밥을 굶지 말고 흰 쌀밥을 굶으라.

같은 값이면 통 크게 마음을 먹고 잘 될 생각을 해야 한다는 말.

◉ 밥을 죽이라고 우긴다.

밥을 내놓고 죽이라고 우기듯이 사실과 맞지 않는 것도 굽히지 않고 우긴다는 뜻으로, 마구 고집을 부리는 행동을 비유적으로 이르는 말.

◉ 밥을 치면 떡이 되고 사람을 치면 도둑이 된다.

억울하게 도둑으로 몰아넣음을 비유적으로 이르는 말.

◉ 밥이 다 된 가마는 끓지 않는다.

밥이 다 끓어서 물이 잦아든 가마는 끓을 것이 없다는 뜻으로, 일이 잘되거나 순조롭게 다 된 경우에는 오히려 조용한 법임을 비유적으로 이르는 말.

◉ 밥이 약보다 낫다

병에는 약이 좋지만 밥은 그보다 더 좋다는 뜻으로, 아무리 약이 좋다고 하더라도 건강에는 밥을 잘 먹는 것이 우선이자 기본이라 이르는 말.

◉ 밥이 얼굴에 더덕더덕 붙었다

얼굴에 복이 있게 생겨서 잘살 수 있을 상임을 이르는 말.

◉ 밥이 지팡막대라

밥이 늙은이의 지팡이나 다름없다는 뜻으로, 늙은이에게 있어서는 밥을 잘 먹는 것이 늙은이가 의지하고 다니는 지팡이보다 나음을 이르는 말.

◉ 밥인지 죽인지는 솥뚜껑을 열어 보아야 안다

일이 어떻게 되겠는가 하는 것은 결과를 보아야 알 수 있다는 뜻으로, 미리부터 이러쿵저러쿵할 필요가 없음을 비유적으로 이르는 말.

◉ 밥 팔아 죽 사 먹는다.

큰 밑천을 들여 하찮은 소득을 얻게 됨을 비유적으로 이르는 말.

◉ 밥 퍼 주고 밥 못 얻어먹는다.

밥 퍼 주고 주걱으로 뺨 맞는다와 같은 말이다.

◉ 밥 퍼 주고 주걱으로 뺨 맞는다

남을 위하여 좋은 일을 해 주고 도리어 피해를 입음을 비유적으로 이르는 말. 밥 퍼 주고 밥 못 얻어먹는다.

◉ 밥 한 술에 힘 되는 줄은 몰라도 글 한 자에 힘이 된다.

밥을 한두 끼 잘 먹었다고 크게 몸이 좋아지지는 않으나 글을 한두 자 더 배우면 그만큼 정신적인 양식이 늘어난다는 뜻으로, 배우는 것이 힘임을 비유적으로 이르는 말.

◉ 밥 한 알이 귀신 열을 쫓는다.

귀신이 붙은 듯이 몸이 쇠약해졌을 때라도 충분히 먹고 제 몸을 돌보는 것이 건강을 회복하는 가장 빠른 길임을 비유적으로 이르는 말.

◉ 국에 덴 놈 물[냉수] 보고도 분다[놀란다].

어떤 일에 한 번 혼이 나면 그와 비슷한 것만 보아도 공연히 겁을 낸다는 말.

◉ 국에 덴 놈이 냉수를 떠 놓고 분다.

'국에 덴 놈 물(냉수) 보고도 분다(놀란다)' 의 북한 속담.

◉ 국에 덴 놈이 냉수를 불고 먹는다.

'국에 덴 놈 물(냉수) 보고도 분다(놀란다)' 북한 속담.

◉ 국이 끓는지 장이 끓는지 (모른다)

일이 어떻게 돌아가는지 도무지 영문을 모르겠다는 말.

◉ 반찬 먹은 개

반찬을 훔쳐 먹은 개가 꼼짝 못하고 매를 맞듯이 아무리 구박을 받아도 아무 대항을 못하고 어쩔 줄 모르는 처지를 비유적으로 이르는 말.

◉ 반찬 먹은 고양이[괭이] 잡도리하듯

반찬을 훔쳐 먹은 고양이를 잡아 족치듯 잘못을 저지른 사람을 붙잡고 야단치고 혼내는 모양을 비유적으로 이르는 말.

◉ 반찬 항아리가 열둘이라도 서방님 비위를 못 맞추겠다.

성미가 몹시 까다로워서 비위 맞추기가 매우 힘들다는 말.

◉ 여물 많이 먹은 소 똥 눌 때 알아본다.

1) 남모르게 감쪽같이 한 일이라도 저지른 죄는 세상에 드러나고야 만다는 말.

2) 무슨 일이나 공을 많이 들여서 한 일은 반드시 그 성과가 나타나기 마련임을 비유적으로 이르는 말.

◉ 여물 안 먹고 잘 걷는 말

1) 현실과는 상반되는 희망적인 일을 비유적으로 이르는 말.

2) 밑천은 안 들이고 이득이 많은 것을 비유적으로 이르는 말.

◉ 쌀 먹은 개 욱대기듯

좋지 못한 짓을 한 사람이 오히려 거칠게 굶을 비유적으로 이르는 말.

◉ 쌀에 뉘 (섞이듯)

많은 가운데 아주 드물게 섞여 있음을 비유적으로 이르는 말.

◉ 쌀에서 뉘 고르듯

많은 것 가운데 쓸모없는 것을 하나하나 골라냄을 비유적으로 이르는 말.

◉ 쌀에서 좀 난다
갖에서 좀 난다의 북한 속담.

◉ 쌀은 쏟고 주워도 말은 하고 못 줍는다.
한 번 입 밖에 낸 말은 어찌할 수 없으므로 말을 조심해야 함을 비유적으로 이르는 말.

◉ 쌀 주머니를 들고[메고] 다닌다.
쌀자루를 들고 여기저기 동냥하러 다닌다는 뜻으로, 쌀을 꾸러 다니거나 빌어먹으러 다님을 비유적으로 이르는 말.

◉ 쌀 한 알 보고 뜨물 한 동이 마신다.
적은 이익을 위하여 노력이나 경비가 지나치게 많이 들어감을 비유적으로 이르는 말.

◉ 콩 가지고 두부 만든대도 곧이 안 듣는다.
콩으로 메주를 쑨다 하여도 곧이듣지 않는다와 같은 의미이다.

◉ 콩과 보리도 분간하지 못한다.

누구나 알 수 있는 것도 분간하지 못할 만큼 어리석고 못남을 비유적으로 이르는 말.

◉ 콩 났네. 팥 났네 한다.

콩의 싹이나 팥의 싹이나 거의 비슷한데도 그것을 구별하느라 언쟁하는 것과 같이, 대수롭지 아니한 일을 가지고 서로 시비를 다투는 경우를 비유적으로 이르는 말.

◉ 콩도 닷 말 팥도 닷 말

1) 어떤 것을 치우침 없이 공평하게 골고루 나누어 주는 경우를 비유적으로 이르는 말.

2) 이러나저러나, 혹은 여기나 저기나 모두 마찬가지임을 비유적으로 이르는 말.

◉ 콩 반 알도 남의 몫 지어 있다

1) 아무리 작고 사소한 물건이라도 다 각기 주인이 있다는 말.

2) 비록 하찮은 물건이라도 남의 것은 가지거나 탐내지 말라는 말.

◉ 콩 볶아 먹다가 가마솥 깨뜨린다[터뜨린다].

작은 재미를 보려고 어떤 일을 하다가 큰일을 저지름을 비유적으로 이르는 말.

◉ 콩 볶아 재미 낸다.

무슨 일을 하여 아기자기하게 재미를 봄을 비유적으로 이르는 말.

◉ 콩 본 당나귀같이 흥흥한다.

자기가 좋아하는 것을 눈앞에 두고 기뻐함을 비유적으로 이르는 말.

◉ 콩 실은 당나귀가 우쭐대면 껍질 실은 당나귀도 우쭐댄다.

남은 자랑거리가 있어서 우쭐대는데 자기는 아무런 자랑거리도 없으면서 덩달아 우쭐댐을 비유적으로 이르는 말.

◉ 콩 심어라 팥 심어라 한다.

대수롭지 아니한 일을 가지고 지나칠 정도로 세세한 구별을 짓거나 시비를 가려 간섭함을 비유적으로 이르는 말.

◉ 콩 심은 데서 팥 나올 리 없다

콩 심은 데 콩 나고 팥 심은 데 팥 난다의 북한 속담.

◉ 콩 심은 데 콩 나고 팥 심은 데 팥 난다

모든 일은 근본에 따라 거기에 걸맞은 결과가 나타나는 것임을 비유적으로 이르는 말. 가시나무에 가시가 난다. 대 끝에서 대가 나고 싸리끝에서 싸리가 난다. 대나무 그루에선 대나무가 난다. 대 뿌리에서 대가 난다. 대나무에서 대 난다. 배나무에 배 열리지 감 안 열린다.

오이 덩굴에 오이 열리고 가지 나무에 가지 열린다. 오이 씨에서 오이 나오고 콩에서 콩 나온다. 콩 날 데 콩 나고 팥 날 데 팥 난다. 콩에서 콩 나고 팥에서 팥 난다. 팥을 심으면 팥이 나오고 콩을 심으면 콩이 나온다.

◉ 콩으로 메주를 쑨다 하여도 곧이듣지 않는다.

아무리 사실대로 말하여도 믿지 아니함을 비유적으로 이르는 말. 콩 가지고 두부 만든대도 곧이 안 듣는다.

◉ 콩을 팥이라고 우긴다.

사실과 다른 주장을 막무가내로 내세운다는 뜻으로, 억지스럽게 고집을 부림을 비유적으로 이르는 말.

◉ 콩을 팥이라 해도 곧이듣는다.

남의 말을 곧이곧대로 잘 믿음을 비유적으로 이르는 말.

◉ 팥으로 메주를 쑨대도 곧이듣는다.

지나치게 남의 말을 무조건 믿는 사람을 놀림조로 이르는 말. 팥을 콩이라 해도 곧이듣는다.

◉ 팥을 심으면 팥이 나오고 콩을 심으면 콩이 나온다.

콩 심은 데 콩 나고 팥 심은 데 팥 난다.

◉ 팥이 풀어져도 솥 안에 있다

손해를 본 것 같지만 따지고 보면 손해를 본 것이 없음을 비유적으로 이르는 말. 가마 안의 팥이 풀어져도 그 안에 있다 죽이 풀려도 솥 안에 있다.

◉ 보리 가시랭이가 까다로우냐? 괭이 가시랭이가 까다로우냐?

매우 성미가 까다로움을 비유적으로 이르는 말.

◉ 보리 갈아 놓고 못 참는다.

빨리 결과를 얻으려고 성급히 굶을 비유적으로 이르는 말.

◉ 보리 갈아 이태 만에 못 먹으랴

가을에 땅을 갈아 보리를 심어 그 이듬해에 가서 거두어 먹는 것은 정해진 이치라는 뜻으로, 으레 정해져 있는 사실을 가지고 구태여 말할 필요가 없음을 비유적으로 이르는 말.

◉ 보리로 담근 술 보리 냄새가 안 빠진다.

1) 제 본성은 그대로 지님을 비유적으로 이르는 말. 보리술이 제 맛 있다.

2) 근원이 좋으면 결과도 좋고 근원이 나쁘면 결과도 나쁘다는 것을 비유적으로 이르는 말. 보리술이 제 맛 있다.

◉ 보리를 베면서 가라면 하루에 갈 길을 평지에서 걸어가라면 닷새도 더 걸린다.

1) 보리를 거두어들이는 일이 힘들지만 신이 나는 일임을 비유적으로 이르는 말.

2) 숙련된 일은 시간 가는 줄도 모르고 힘든 줄도 모르게 빠르지만 그렇지 못한 일은 매우 더딤을 비유적으로 이르는 말.

3) 긴장해서 하는 일은 힘들어도 빠르고 많이 하지만 건

들거리며 하는 일은 쉬워도 얼마 하지 못함을 비유적으로 이르는 말.

◉ 보리 안패는 삼월 없고 나락 안패는 유월 없다

1) 모든 일에는 때가 있음을 비유적으로 이르는 말.

2) 계절은 어김없이 돌아옴을 비유적으로 이르는 말.

◉ 보리 주면 오이[왜] 안 주랴

제 것은 아까워하면서 남만 인색하다고 여기는 사람에게, 주는 것이 있어야 받는 것이 있음을 비유적으로 이르는 말.

◉ 감자 잎에 노루 고기를 싸 먹겠다.

감자가 한창 자라는 여름에 때 아닌 눈이 내려서 먹이를 찾으러 마을로 온 노루를 잡아먹을 수 있겠다는 뜻으로, 때 아닌 철에 눈이 내리는 경우를 이르는 말.

◉ 고추가 커야만 맵나[매우랴]

덩치가 크다고 하여 제구실을 다하는 것은 아님을 이르는 말.

◉ 고추나무에 그네를 뛰고 잣 껍데기로 배를 만들어 타겠다.

1) 고추나무에 그네를 뛸 수 있고 잣 껍데기를 배 삼아 타고 다닐 수 있을 만큼 사람이 작아진다는 뜻으로, 세상이 말세(末世)가 되면 있을 괴상망측한 짓을 함을 비유적으로 이르는 말. 2) 불가능한 잔꾀를 부림을 비유적으로 이르는 말.

◉ 고추는 작아도 맵다

몸집은 작아도 힘이 세거나, 성질이 모질거나, 또는 하는 일이 퍽 야무지고 올참을 비유적으로 이르는 말.

◉ 고추 밭에 말 달리기

심술이 매우 고약함을 비유적으로 이르는 말.

◉ 고추 밭을 매도 참이 있다

고추 밭 매기처럼 헐한 일이라도 참을 준다는 뜻으로, 작은 일이라도 사람을 부리면 보수를 주어야 한다는 말.

◉ 고추보다 후추가 더 맵다

1) 작은 고추가 더 맵다.

2) 뛰어난 사람보다 더 뛰어난 사람이 있음을 비유적으로 이르는 말.

◉ 참외도 까마귀 파먹은 것이 다르다

까마귀가 잘 익은 참외만 골라서 파먹는다는 뜻으로, 남이 좋다고 욕심을 내는 것은 역시 좋은 것이 틀림없음을 비유적으로 이르는 말.

◉ 참외를 버리고 호박을 먹는다.

1) 알뜰한 아내를 버리고 둔하고 못생긴 첩을 취함을 비유적으로 이르는 말.

2) 좋은 것을 버리고 나쁜 것을 취함을 비유적으로 이르는 말.

◉ 참외 밭에 든 녀석

몰래 남의 참외 밭에 들어 익은 참외를 따겠다고 이리 뛰고 저리 뛰는 녀석이라는 뜻으로, 몹시 날뛰고 덤비는 사람을 비유적으로 이르는 말.

◉ 참외 밭에 들어선 장님

필요한 것을 앞에 놓고도 무엇이 무엇인지를 가리지 못하는 사람을 비유적으로 이르는 말.

◉ 사과가 되지 말고 토마토가 되라

사과처럼 겉만 붉고 속은 흰 사람이 되지 말고 토마토처럼 겉과 속이 같은 견실한 사람이 되라는 말.

◉ 밤 소쿠리에 생쥐 드나들듯

1) 생쥐가 밤을 까먹느라고 그것을 담아 둔 소쿠리에 부리나케 드나들듯 한다는 뜻으로, 자주 들어갔다 나갔다 하는 모양을 비유적으로 이르는 말.

2) 일은 하지 않으면서 교활한 방법으로 자주 드나들면서 남의 것을 가로채 먹는 얄미운 짓을 비유적으로 이르는 말. 밤 항아리에 생쥐 새끼 들랑대듯.

◉ 도토리는 벌방[벌]을 내려다보면서 열린다.

1) 농사가 잘되는 때에는 도토리도 많이 열림을 비유적으로 이르는 말.

2) 도토리는 산에서 벌을 내려다보고 벌이 풍년이면 안 열리고 벌이 흉년이면 잘 열린다는 말.

◉ 도토리 키 재기

1) 정도가 고만고만한 사람끼리 서로 다툼을 이르는 말.

난쟁이끼리 키 자랑하기.

2) 비슷비슷하여 견주어 볼 필요가 없음을 이르는 말. 난쟁이끼리 키 자랑하기.

◉ 가갸 뒷자도 모른다.

1) 아주 무식하다는 말.

2) 속내를 전혀 모르고 있다는 말.

◉ 가게 기둥에 입춘

격에 어울리지 않음을 이르는 말.

◉ 가까운 남이 먼 일가보다 낫다

이웃끼리 서로 가까이 지내다 보면, 먼데 있는 일가보다 더 친하게 되어 서로 도와 가며 살게 된다는 말.

◉ 가까운 데 집은 깎이고 먼데 절은 비친다.

가까운 데 것은 눈에 익어서 좋게 보이지 않고, 먼데 것은 훌륭해 보인다는 말.

◉ 가난 구제는 나라도 못한다.

하고 많은 가난한 사람을 다 구한다는 것은 나라의 힘으로도 어려운 일인데, 하물며 개인의 힘으로 되겠느냐는 말.

◉ 가난도 비단 가난

아무리 가난해도 체통을 잃지 않고 견딘다는 말.

가난한 양반 씨나락 주무르듯 : 한없이 주물럭거리고만 있음을 비꼬아 하는 말.

◉ 가난한 집 신주 굶듯

줄곧 굶기만 한다는 말.

◉ 가난한 집 제사 돌아오듯

치르기 어려운 일만 자꾸 닥친다는 말.

◉ 가는 날이 장날이라

우연히 갔다가 공교로운 일을 만났을 때를 이르는 말.

◉ 가루는 칠수록 고와지고 말은 할수록 거칠어진다.

말이 많음을 경계하는 말.

◉ 가마가 솥더러 검정아 한다.

제 흉이 더 많은 주제에 남의 흉을 본다는 말. 가마솥 밑이 노구솥 밑을 검다 한다.

◉ 가마 타고 시집가기는 다 틀렸다

일이 잘못되어 제대로의 격식을 차릴 수 없게 되었다는 말.

◉ 가문 덕에 대접 받는다

좋은 가문에 태어난 덕분에 변변하지 못한 사람이 대우를 받는다는 말.

◉ 가물 끝은 있어도 장마 끝은 없다

가물은 아무리 심한 경우라도 농작물의 다소의 소출은 있지만 큰물이 지면 모든 것을 쓸어가 버리므로 아무 소출도 없게 된다는 말.

◉ 가물에 돌 친다

'가물어서 물이 없을 때에 강바닥에 있는 돌을 미리 치워서 큰물 피해를 막자는 뜻으로' 무슨 일이든지 미리 대비하는 것이 하기도 쉽고 효과도 크다는 말.

◉ 가물에 콩 나듯

무슨 일이나 물건이, 어쩌다가 하나씩 드문드문 나타난다는 말.

◉ 가슴이 화롱선 같다

사람의 도량이 크고 속이 트였음을 이름.

◉ 가을에는 부지깽이도 덤벙인다.

추수하는 가을에는 매우 바쁘다는 말.

◉ 가을 중 싸대듯

여기저기 분주하게 돌아다님을 이르는 말.

◉ 다 닳은 대갈마치

마음이 굳고 깐깐하여 어수룩한 데라고는 없는 사람을 두고 이르는 말.

◉ 다 된 죽에 코 풀기

1) 제대로 잘되어 가는 일을 망쳐 버리는 주책없는 행동을 이르는 말.

2) 잘되어 가는 남의 일을 심술궂게 헤살 놓는 경우를 두고 이르는 말.

◉ 다람쥐 쳇바퀴 돌듯

앞으로 나아가지 못하고 제자리걸음만 한다는 말.

◉ 다리 아래서 원을 꾸짖는다.

직접 만나서 당당하게 말하지는 못하고, 안 들리는 데 숨어서 불평(욕)을 한다는 말.

◉ 닭은 방울 같다

눈이 아름답고 빛남을 이르는 말

하는 짓이 똑똑하고 영리함을 이르는 말.

◉ 단단한 땅을 물이 괸다.

굳은 땅에 물이 괸다.

◉ 단맛 쓴맛 다 보았다

세상의 온갖 즐거움과 괴로움을 다 겪었다는 말. 산전수전 다 겪었다.

◉ 단솥에 물 붓기

'달아 있는 솥에 물을 조금 부어 보았자 금방 증발해 버린다는 뜻으로' 상황이 매우 심한 지경에 이르러 조금 손을 써 보았자 이를 진정시킬 수는 없음을 이르는 말.

◉ 단칸방에 새 두고 말할까

한집 식구처럼 가깝게 지내는 사이에 비밀이 있을 리 없다는 말.

◉ 닫는 데 발 내민다.

일에 열중하고 있는데 중간에서 방해한다는 말.

◉ 바늘 가는 데 실 간다.

으레 따르게 되어 있는 두 사람이나 사물의 밀접한 관계를 이르는 말.

◉ 바늘 도둑이 소 도둑 된다.

작은 도둑이라도 진작 그것을 고치지 않은 면 장차 큰 도둑이 된다는 말.

◉ 바늘로 찔러도 피 한 방울 안 나온다

사람의 생김새가 단단하고 야무지게 보임을 이르는 말.
사람의 성격이 빈틈이 없거나 매우 인색함을 이르는 말.

◉ 바늘구멍으로 하늘 보기

(사물의 전체를 보지 못하는) 시야가 좁은 관찰 태도를 비유하여 이르는 말.

◉ 바늘구멍으로 황소바람 들어온다.

추운 겨울철에는 벽이나 문에 조그만 틈만 있어도 찬바람이 제법 세게 들어온다는 뜻.

◉ 바늘방석에 앉은 것 같다

그 자리에 있기가 몹시 거북하고 불안스러움을 비유하여 이르는 말.

◉ 바다는 메워도 사람의 욕심은 못 채운다.

사람의 욕심의 그지없음을 이르는 말.

◉ 바람 부는 날가루 팔러 간다.

하필 조건이 좋지 않은 때에 일을 시작함을 이르는 말.

◉ 바람 부는 대로 살다

뚜렷한 주관이 없이 그때그때의 형편에 따라 살다.

◉ 바람 앞의 등불

생명이나 어떠한 일이 매우 위태로운 상태에 있음을 이르는 말.

따스한 한 마디의 외국 속담과 격언

4

따스한 한마디의 외국 속담과 격언

◆ 그리스도도 돈 때문에 배반당했다.

- 희랍 속담

◆ 세 번이나 같은 돌에 걸려 넘어지는 것은 치욕이다.

- 희랍 속담

◆ 집안에 하나도 노인이 없다면, 한 사람 빌려와라.

- 희랍 속담

◆ 초혼은 의무, 재혼은 바보, 세 번째 결혼하는 자는 미치광이다.

- 화란 속담

◆ 가난의 신이 문을 두드리면 사랑은 창문으로 도망친다.

- 독일 속담

◆ 돈이 나가면 정의는 움츠린다.

- 독일 속담

◆ 돈이 있으면 재앙이 있다. 그러나 돈이 아주 없어지면 최대의 재앙이 온다.

- 독일 속담

◆ 둘이서 동시에 노래할 수는 있으나 동시에 지껄일 수는 없다.

– 독일 속담

◆ 사자라 할지라도 파리들로부터 자기 몸을 방어해야 한다.

– 독일 속담

◆ 설교를 하는 자는 남의 설교를 듣지 않는다.

– 독일 속담

◆ 악마는 하느님보다 많은 순교자를 갖고 있다.

– 독일 속담

◆ 자식이 없는 사람은 사는 의미를 모른다.

– 독일 속담

◆ 조용한 개가 무는 데 으뜸이다.

– 독일 속담

◆ 죽음의 사신(死神)이 온다는 것보다 더 정확한 사실은 없고, 그가 언제 오는가 하는 것보다 더 부정확한 것은 없다.

– 독일 격언

◆ 진리는 적과 자기편을 초월한다.

– 독일 속담

◆ 한 아버지는 열 아들을 기를 수 있으나 열 아들은 한 아버지를 봉양키 어렵다.

– 독일 속담

◆ 힘이 주인인 곳에서는 정의는 하인이다.

– 독일 격언

◆ 귀여움을 많이 받는 아이일수록 많은 이름을 가지고 있다.

– 노서아 속담

◆ 남자가 술을 마시면 집이 절반 불탄다. 여자가 마시면 온 집이 불타 버린다.

– 노서아 속담

◆ 믿어라 그러나 확인하라.

– 노서아 격언

◆ 변치 않는 벗을 구하려는 자여! 그대는 묘지로 가라.

– 노서아 속담

◇ 아버지의 사랑은 무덤까지 이어지고 어머니의 사랑은 영원까지 이어진다.

– 노서아 속담

◇ 어제의 일로써 현명해지는 것은 쉽다.

– 노서아 격언

◇ 전쟁터에 가기 전에는 한 번 기도하고, 바다에 가게 되면 두 번 기도하고, 그리고 결혼 생활에 들어가기 전에는 세 번 기도하라.

– 노서아 속담

◇ 하늘은 높고 황제는 멀다.

– 노서아 속담

◇ 거북은 아무도 몰래 수천 개의 알을 낳지만, 암탉이 알을 하나 낳을 때면 온 동네가 다 안다.

– 말련 속담

◇ 남에게 줘버린 딸은 산을 향해 쏴버린 화살 같은 것.

– 몽고 속담

◆ 마시면 죽는다. 마시지 않아도 죽는다.

– 몽고 속담

◆ 사람의 눈은 멀리 본다. 이성은 좀 더 멀리 본다.

– 몽고 격언

◆ 이웃집 개를 두들겨 패고 싶을 때는 동시에 그 개의 주인 얼굴도 머리에 떠올리자.

– 미얀마의 속담

◆ 줄곧 깎고 있으면 칼날이 무디어진다. 줄곧 지껄이고 있으면 지혜도 무디어진다.

– 버마 속담

◆ 충실한 벗은 셋. 노파, 늙은 개, 그리고 현금.

– 미국 속담

◆ 혓바닥을 미끄럽게 하기보다는 발바닥을 미끄럽게 하는 편이 낫다.

– 불가리아 속담

◆ 썩지 않은 나무에는 버섯이 자라지 못한다.

– 수단 속담

◆ 지식은 바오바브나무다. 누구도 양팔을 벌려 그것을 잴 수는 없다.

– 수단 속담

◆ 한 눈이 아무리 크더라도 두 개인 편이 낫다.

– 수단 속담

◆ 홀아비로 있기보다는 단정치 못한 여자하고라도 결혼하는 편이 낫다.

– 수단 속담

◆ 사랑이 없는 인생은 여름이 없는 일 년이다.

– 스웨덴 속담

◆ 새 노랫소리보다는 빵.

– 스웨덴 속담

◆ 악마는 부자가 사는 집에도 찾아가지만, 가난한 사람의 집에는 두 번 찾아간다.

– 스웨덴 속담

◆ 약한 자 중에서 가장 강한 자는 자기가 약하다는 사실을 잊지 않는 자이다.

- 스웨덴 속담

◆ 우리들은 누구든지 모자 밑에 바보를 넣어두고 있는데, 어떤 사람은 다른 사람들보다 그것을 잘 감출 수가 있다.

- 스웨덴 속담

◆ 좋은 승자[good winer]인 동시에 훌륭한 패자[good loser]이어라.

- 스코틀랜드 속언

◆ 거위의 꽥꽥 소리가 사자의 발톱보다 더 참을 수 없다.

- 서반아 속담

◆ 결혼 전에는 공작, 약혼을 하면 사자, 결혼을 하면 당나귀.

- 서반아 속담

◆ 기도하기보다 열심히 일하라. 마음이 진실하면 기도가 없어도 하느님이 지켜줄 것이다.

- 서반아 속담

◆ "나중에' 라는 길을 통해서는 이르고자 하는 곳에 결코 이를 수 없다.

– 에스파냐 격언

◆ 누구에겐가 너의 비밀을 말해 주는 것은 그에게 너의 자유를 맡기는 것이다.

– 서반아 속담

◆ 명예와 거울은 입김만으로도 흐려진다.

– 서반아 속담

◆ 산은 산을 필요로 하지 않는다. 그러나 인간은 인간을 필요로 한다.

– 서반아 속담

◆ 30세까지는 여자가 따뜻하게 해주고 30세가 넘으면 한 잔 술이 따뜻하게 해주는데, 그로부터 훨씬 세월이 흐르면 난로조차 따뜻하게 해주지 못한다.

– 서반아 속담

◆ 세상은 바다와 닮았다. 헤엄치지 못하는 자는 물에 빠진다.

– 서반아 속담

◆ 신(神)이 남자가 되었을 때 악마는 그에 앞서 이미 여자가 되어 있었다.

- 서반아 속담

◆ 어머니의 한 마디는 목사의 열 마디보다 더 가치 있는 것이다.

- 서반아 속담

◆ 여자는 눈의 천국, 지갑의 연옥, 영혼의 지옥이다.

- 서반아 속담

◆ 친구가 없는 삶은 지켜보는 이 없는 임종과 같다.

- 서반아 속담

◆ 하나님은 말씀하시고 계신다. " 네가 원하는 것을 가져라. 그리고 그것에 대한 대가를 지불하라. "

- 서반아 속담

◆ 그대를 사랑한 것은 그대를 울리게 할 것이다.

- 아르헨티나 속담

◆ 닭은 아무리 교활해도 언젠가는 냄비 속에 들어간다.

- 앙골라 속담

◆ 표범 꼬리는 잡지 마라. 만약 잡았다면 놓지 마라.
– 에티오피아 속담

◆ 아내가 없으면 남자는 지붕이 없는 집이다.
– 영국 속담

◆ 아름다운 얼굴은 일곱 가지 결점을 감추어 준다.
– 영국 속담

◆ 어떤 사람은 자기 이빨로 자기의 무덤을 판다.
– 영국 속담

◆ 어린 아이와 바보는 진실을 말한다.
– 영국 속담

◆ 여자는 남자를 움직인다.
– 영국 속담

◆ 여자의 충고는 대수롭지는 않다. 그러나 충고를 받아들이지 않는 남자는 바보다.
– 영국 속담

◆ 예방의 1온스는 치료의 1파운드(16온스)와 맞먹는다.

- 영국 속담

◆ 용서는 가장 고귀한 승리이다.

- 영국 속담

◆ 우리는 울며 태어나서 불평하며 살다가 실망하며 죽는다.

- 영국 속담

◆ 우유를 마시는 사람보다 우유를 배달하는 사람이 더 건강하다.

- 영국 속담

◆ 운이 좋은 자를 위해서는 수탉도 알을 낳아 준다.

- 영국 속담

◆ 인내란 모든 아픈 곳에 바르는 고약이다.

- 영국 속담

◆ 인색한 아버지에 방탕한 자식.

- 영국 속담

◆ 잔잔한 바다에서는 좋은 뱃사공이 만들어지지 않는다.

– 영국 속담

◆ 자존심은 악마의 정원에 피는 꽃이다.

– 영국 속담

◆ 재산은 현명한 사람에게는 종이 되고, 어리석은 사람에게는 군림 자가 된다.

– 영국 속담

◆ 제 집 문 앞에서는 개도 용감하다.

– 영국 속담

◆ 조개는 칼로 열고 변호사의 입은 돈으로 연다.

– 영국 속담

◆ 좋은 양심은 부드러운 베개다.

– 영국 속담

◆ 주사위를 가장 잘 던지는 방법은 그것을 아주 던져 없애버리는 것이다(도박에서 손을 떼는 것이다).

–영국 속담

◆ 지옥은 네가 가기 전까지는 만원이 되지 않는다.

- 영국 속담

◆ 집 안에 아이들이 없는 것은 지구에 태양이 없는 것과 같다.

- 영국 속담

◆ 천천히 가는 사람이 멀리 간다.

- 영국 속담

◆ 하루만 행복하려면 이발소에 가서 머리를 깎아라. 1주일만 행복해지고 싶거든 결혼을 하라.
1개월 정도라면 말(馬)을 사고, 1년이라면 새 집을 지어라. 그런데 평생토록 행복하기를 원한다면 정직한 인간이 되라.

- 영국 격언

◆ 희망이 있는 사람은 음악이 없어도 춤을 춘다.

- 영국 속담

◆ 부자와 돼지는 죽은 다음에 높이 평가된다.

- 우크라이나 속담

◆ 아홉 명의 노름꾼은 한 마리의 수탉도 기를 수 없다.

– 유고슬라비아 속담

◆ 좋은 소문은 멀리 퍼진다. 그러나 나쁜 소문은 더욱 멀리 퍼진다.

– 유고 속담

◆ 사랑은 무엇이나 가능케 한다. 돈은 모든 것을 이긴다. 시간은 모든 것을 먹어치운다. 그리고 죽음은 모든 것을 끝내준다.

– 이태리 속담

첫 잔은 갈증을 풀기 위하여,
둘째 잔은 영양을 위하여,
셋째 잔은 유쾌하기 위하여,
넷째 잔은 발광하기 위하여 마신다.

– 로마 속담

◆ 황소 다룰 때는 앞쪽을, 말을 다룰 때는 뒤쪽을, 여자를 다룰 때는 사방팔방을 조심하지 않으면 안 된다.

– 이태리 속담

◆ 너무 멀리 보는 사람은 자신 앞에 펼쳐져 있는 초원을 보지 못하는 법이다.

– 인도 격언

◆ 만물의 조물주도 잘못을 저질렀다. 그것도 두 번씩이나 잘못 했다. 한번은 돈을 만들었고 두 번째는 여자를 만들었다.

– 인도 속담

◆ 미녀는 이 세상의 것이고, 추녀는 그대만의 것.

– 인도 속담

◆ 사랑은 스쳐서 지나가고, 또 도망쳐 가는 바람이다.

– 인도 속담

◆ 한 사람 죽이면 살인, 천 명 죽이면 영웅.

– 인도 속담

◆ 돈은 지옥에서도 통한다.

– 일본 속담

◆ 돼지도 추켜세우면 나무에 오른다.

– 일본 속담

◆ 여자는 결혼 전에 울고, 남자는 결혼 후에 운다.

– 일본 속담

◆ 가르치는 것은 두 번 배우는 것이다.

– 중국 속담

◆ 검은 고양이든 흰 고양이든 쥐만 잘 잡으면 좋은 고양이다.

– 중국 속담

◆ 궁하면 통한다.

– 중국 속담

◆ 내 집이 불에 타 없어졌다. 그러나 지금 나는 달을 볼 수 있다.

– 중국 속담

◆ 달이 이지러지기 위해선 만월이 되어야 하듯, 물이 가득 차야 밑으로 흘러내릴 수 있는 법이다.

–중국 격언

◆ 당신은 당신의 머리 위로 나는 슬픔의 새들을 막을 수는 없다. 그러나 당신은 그것이 당신의 머리에다 둥지를 만들지 못하게 막을 수는 있다.

– 중국 속담

◆ 돈이 있는 사람은 용, 돈이 없는 사람은 버러지.

– 중국 속담

◆ 백 명의 남자가 하나의 숙박소를 만들 수는 있으나, 하나의 가정을 만들려면 한 여자가 필요하다.

– 중국 속담

◆ 법률은 거미줄이다. 하늘소는 찢고, 파리는 잡혀 버린다.

– 체코 속담

◆ 짖는 개를 두려워 말고 짖지 않는 개를 두려워하라.

– 토이기 속담

◆ 천 명의 친구들, 그것은 적다. 단 한 명의 원수, 그것은 많다.

– 토이기 속담

◆ 수프와 사랑은 처음이 가장 좋다.

– 포도아 속담

◆ 한 점도 나무랄 데가 없는 말(馬)을 얻고 싶은 자는 말없이 지내거라!

– 포도아 속담

◆ 남의 두 눈보다 자신의 한 쪽 눈이 좋다.

– 파란 속담

◆ 봄은 처녀, 여름은 어머니, 가을은 미망인, 겨울은 계모.

– 파란 속담

◆ 선행(善行)은 모래에 쓰여지고, 악행(惡行)은 바위에 새겨진다.

– 파란 속담

◆ 여자는 승부에서 악마조차 이긴다.

– 파란 속담

◆ 열 명의 여자를 의견일치 시키기보다 백 개의 시계를 조립하는 편이 쉽다.

– 파란 속담

◆ 강한 자가 약자에게 성실한 적은 없다.

– 불란서 속담

◆ 노인은 자기가 이미 한 일을 말하고, 젊은이는 자기가 현재 하고 있는 일을 말하며, 어리석은 자는 자기가 앞으로 하려고 마음먹은 일을 말한다.

– 불란서 속담

◆ 돈 없는 사람은 이빨 없는 늑대와 같은 것.

– 불란서 속담

◆ 모든 것을 아는 자는 모든 것을 용서한다.

– 불란서 속담

◆ 사람들이 돌을 던지는 것은 과일이 잔뜩 달려 있는 나무뿐이다.

– 불란서 속담

◆ 사람은 자기를 기다리게 하는 자의 결점을 계산한다.

– 불란서 속담

◆ 아이들이 있는 사람은 행복하지만, 아이들이 없는 사람도 불행하진 않다.

– 불란서 속담

◆ 젊은이는 희망에 살고, 노인은 추억에 산다.

– 불란서 속담

◆ 피해는 모래에 써넣되 은혜는 대리석에 써넣어라.

– 불란서 속담

◆ 아침이 오지 않을 만큼 긴 밤은 없다.

– 핀란드 속담

◆ 태어나기는 쉬우나 사람이 되기는 어렵다.

– 필리핀 속담

◆ 일을 배우는 길은 그 일을 하는 것이다.

– 에스토니아 속담

◆ 남의 술병은 세 모금으로 비어 버린다. 내 술병은 열 모금 마셔도 비지 않는다.

– 라트비아 속담

◆ 개의 몸에 있는 벼룩이 고양이를 울게 할 일은 없을 것이다.

– 중국 격언

◆ 그림과 전쟁은 떨어져서 바라보는 것이 좋다.

– 영국 속담

◆ 쥐의 정의보다 오히려 고양이의 난폭이 낫다.

– 아랍 속담

◆ 어린 시절에 당신의 아이들을 훈련시켜라. 그러면 당신은 노인 시절에 그들로부터 훈련을 받지 않게 될 것이다.

– 유태 속담

◆ 부자 친구가 초대하면 가는 것이 좋고, 가난한 친구는 초대하지 않더라도 이따금 찾아가 보라.

– 포도아 속담

◆ 가라앉으면 엉터리 목공(木工)이 만든 고물 배요, 가라앉지 않으면 선주(船主)의 자랑스러운 배다.

–동아프리카 속담

◆ 까마귀에게 길을 안내해 달라면 개가 죽어 있는 곳으로 데려간다.

–아랍속담

◆ 개에게는 신발짝도 땅에 떨어진 한 조각 음식이다.

–반투족 속담

◆ 개의 몸에 있는 벼룩이 고양이를 울게 할 일은 없을 것이다.

–중국 격언

◆ 관 뚜껑이 일단 한번 닫히고 나면, 한 사람에 대한 판결은 끝이 나는 것이다.

–중국 격언

◆ 그림과 전쟁은 떨어져서 바라보는 것이 좋다.

–영국 속담

◆ 기다림만으로 사는 사람은 굶어서 죽는다.

–이탈리아속담

◆ 기회를 만나려면 앞 머리카락을 잡으라.

–영국 속담

◆ 남자가 술을 마시면 집이 절반 불탄다. 여자가 마시면 온 집이 불타 버린다.

-러시아 속담

◆ 노름판에 사흘 붙어 앉으면 신령(神靈)도 돈을 잃는다.

-중국 속담

◆ 닫을 문이 없을 때는 입을 닫아라.

-자마이카 속담

◆ 당신이 지금 과자를 먹을 수 없다고 하여 그것을 먹고 있는 이에게 남겨놓으라고 할 수는 없는 법이다.

-중국 격언

◆ 만일 당신이 당신의 적에게 불같은 화를 낸다면, 종종 당신의 적보다 당신이 더 많은 화상을 입는다.

-중국 속담

◆ 모자는 재빨리 벗되 지갑은 천천히 열라.

-덴마크 속담

◆ 무거운 돈지갑을 무겁다고 생각하는 사람은 아무도 없다.

-이스라엘 속담

◆ 물고기는 세 번 헤엄을 친다. 물과 기름과 그리고 술 속에서.

–독일 속담

◆ 병을 앓는 사람은 모두 다 의사이다.

–아일랜드 속담

◆ 부자가 넘어지면 재난이라고 말하고 가난한 자가 넘어지면 술에 취했다고 한다.

–터키 속담

◆ 부호의 잘못은 돈으로 덮을 수 있고, 의사의 잘못은 흙으로 덮을 수 있다.

–영국 속담

◆ 사람들이 돌을 던지는 것은 과일이 잔뜩 달려 있는 나무뿐이다.

–프랑스 속담

◆ 세 딸과 그 어머니는 아버지에게 있어서는 네 명의 악마이다.

–스페인 속담

◆ 세 사람이 어떤 것을 거북이라고 부른다면, 그것은 거북이다.

–중국 속담

◆ 신(神)은 잠시 동안의 인생에서 낚시로 보낸 시간을 빼 주지 않는다.

–바빌로니아 속담

◆ 아내가 아양을 떨 때는 필시 무슨 곡절이 있다.

–러시아 속담

◆ 아홉 명의 노름꾼은 한 마리의 수탉도 기를 수 없다.

–유고슬라비아 속담

◆ 어린 시절에 당신의 아이들을 훈련시켜라. 그러면 당신은 노인 시절에 그들로부터 훈련을 받지 않게 될 것이다.

–유태 속담

◆ 여자는 교회에서 성녀, 거리에서는 천사, 집에서는 악마.

–프랑스 속담

◆ 여자는 10세에 천사, 15세에 성녀, 40세에 악마, 80

세엔 마귀할미.

—서양 속담

◆ 여자와 수박을 우연히 선택된다.

—그리스 속담

◆ 여자의 혓바닥은 그녀의 신체 중에서 가장 마지막으로 숨을 거두는 곳이다.

—서양 속담

◆ 의사가 병을 고치면 해가 보고, 의사가 환자를 죽이면 땅이 숨긴다.

—미국 속담

◆ 이웃집 개를 두들겨 패고 싶을 때는 동시에 그 개의 주인 얼굴도 머리에 떠올리자.

—미얀마의 속담

◆ 자신이 기르는 개를 때리려는 자에게 몽둥이가 필요한 법이다.

—중국 격언

◆ 잘 닫히는 문은 잘 열리게 마련이다.

—중국 격언

◆ 적을 만들고 싶거든, 돈을 빌려주고, 가끔 재촉하는 것이 좋다.

—서양속담

◆ 조개는 칼로 열고 변호사의 입은 돈으로 연다.

—영국 속담

◆ 주정꾼이 말하기를 "맨얼굴인 자는 무엇을 생각하고 있느냐."

—스웨덴 속담

◆ 쥐의 정의보다 오히려 고양이의 난폭이 낫다.

—아랍속담

◆ 집에 불이 나거든 그 불로 몸을 녹여라.

—스페인 속담

◆ 집에서 새는 바가지가 밖에서도 새는 법이다.

—중국 격언

◆ 처(妻)를 팔아 좋은 친구를 산다.

—중국 속담

◆ 최대의 사랑은 어머니의 사랑, 다음은 개의 사랑, 그 다음이 연인의 사랑이다.

–폴란드 속담

◆ 표범 꼬리는 잡지 마라. 만약 잡았다면 놓지 마라.

–에티오피아 속담

◆ 하늘에서 내리는 비와 재혼하려는 여자는 어느 누구도 말릴 수가 없다.

–중국 속담

◆ 한 번 결혼함은 의무이고, 두 번 결혼함은 어리석은 행동이며, 세 번 한다는 것은 미친 짓이다.

–서양 속담

◆ 훔칠 기회가 없는 도둑은 자신을 정직한 사람이라고 생각한다.

–이스라엘 속담

■ 저자 대한자기계발교양연구회 ■

•저서 : 처세술 십팔사략
new order 성공길라잡이
원문 손자병법
성공에 이르는 발걸음
생활법률

힘든 마음 위로해줄게
- 힘이 되는 한 마디의 말 명언·격언

2023년 1월 5일 인쇄
2023년 1월 15일 발행

저 자 대한자기계발교양연구회
발행인 김현호
발행처 법문북스(일문판)
공급처 법률미디어

주소 서울 구로구 경인로 54길4(구로동 636-62)
전화 02)2636-2911~2, 팩스 02)2636-3012
홈페이지 www.lawb.co.kr

등록일자 1979년 8월 27일
등록번호 제5-22호

ISBN 979-11-92369-46-4(03190)

정가 18,000원